호떡굽는 목사가 전하는

전도에는 방학이 없다

호떡굽는 목사가 전하는
전도에는 방학이 없다

초판 1쇄 2008년 10월 1일
초판 2쇄 2008년 10월 9일

지은이 | 박상철
펴낸이 | 채주희
펴낸곳 | 엘 맨
출판등록 | 제10-1562호
주소 | 서울시 마포구 망원동 379-41
출판등록 | 제10-1562호(1985.10.29)
전화 | Tel. 02-323-4060, 02-322-4477
팩스 | Tel. 02-323-6416, 080-088-7004
이메일 | elman1985@hanmail.net

ISBN 978-89-5515-286-9
값 12,000원

호떡굽는 목사가 전하는

전도에는 방학이 없다

박상철 지음

엘 맨

　한교회의 눈에 보이는 부흥 뒤에는 보이지 않는 눈물의 고통과 각고의 노력이 수반되어 있다고 합니다. 박상철 목사의 (전도에는 방학이 없다!)라는 책이 세상에 나오게 되기까지도 저자의 숨겨진 전도에 대한 열정과 고통이 스며들어 있다는 사실을 믿어 의심치 않는 바입니다. 저 또한 이 책을 처음 접했을 때 전도에 대한 열정이 일어나고 힘이 솟아오름을 느꼈습니다. 사실 지금까지 전도에 대한 책들이 많이 출간되었으나 제가 이 책을 추천하는 이유에는 몇 가지가 있습니다.

　첫째로, 현장감이 충족되어 있다는 것입니다. 개척할 때 교회 입지의 선정부터 전도의 과정에서 나타날 수 있는 모든 난관과 세세한 부분까지 생생하게 기술하였다는 것입니다.

　둘째로, 이 책에는 필자의 진실성과 성실성이 있다는 것입니다.

　셋째로, 필자의 논리성과 솔직성입니다. 박상철 목사의 책을 읽다 보면 참으로 참신하고 차분하며 논리적인 전개를 하고 있어서 현장을 직접 목도하는 듯한 착각에 빠지게 된다는 것입니다. 전도 자체에 대하여 보태거나 과장시키는 점이 없이 진솔함 그 자체를 전하고 있다는 것입니다.

　넷째로, 필자가 이 책을 저술한 이유가 하나님이 살아 계심을 알리기 위한 복음 전파에 있다는 것입니다. 개인의 자랑이나 교회 자랑에 치우칠 수 있으나 간단명료하면서도 소신에 찬 복음의 메시지만을 전하고 있다는 것입니다.

다섯째는, 신뢰와 믿음을 주는 저자의 준비성 있는 내용 전개와 정리입니다. 그래서 전도라는 무거운 내용을 기분 좋게 처음부터 끝까지 읽게 만든다는 것입니다. 이는 저자의 경건한 성품과 인격적 삶에서 풍겨 나오는 것입니다. 한 권의 책이 나오기까지는 저자의 남모르는 희생과 수고와 애착이 스며들어 있다는 것을 알아야 합니다. 더구나 전도라는 주제로 책을 저술하는 데는, 저자의 깊은 영적 몸부림과 겟세마네의 아픔과 부활 승리의 체험과 전도의 현장에서의 진액이 흘러나와 이루어진다는 것입니다. 그러므로 이 책을 통하여 많은 분들이 전도에 대한 새로운 삶, 새로운 가치관, 새로운 의미를 찾을 수 있을 것입니다. 특히 박상철 목사의 전도 세미나가 회를 거듭할수록 뜨거워지며 많은 분들이 전도에 대하여 영안을 열게 되고 거듭남을 볼 때 저 또한 기쁜 마음으로 박수갈채를 보내는 바입니다.

결론적으로 전도 세미나와 이 책이 접목될 때, 지치고 피곤하여 실의에 차있는 많은 목회자들이나 전도자들이 새 힘을 얻고 다시금 일어나 부흥의 기적을 맛 볼 수 있으리라고 기대해 봅니다.

끝으로 이 책이 탄생됨을 진심으로 축하하며, 많은 분들이 이 책을 통하여 부흥의 기쁨을 체험하시기를 기원합니다.

피 종 진 목사

　박상철 목사의 전도 현장의 소리를 담은 金科玉條(금과옥조)같은 책의 출판을 함께 기뻐하며 축하드립니다. 수많은 전도 세미나가 한국 교회에 도전을 주고, 많은 영혼을 구원하는 데 기여한 가치를 우리는 기뻐합니다. 박상철 목사의 전도 세미나는 이 시대 가운데 한국 교회에 주신 또 하나의 하나님의 큰 축복이며 선물입니다.

　자신이 전도 현장 필드에서 생생하게 체험한 경험과 통찰력을 이 시대의 전도자들과 함께 공유하기를 기뻐하는 목사님의 전도 세미나를 처음 접했을 때, 나에게는 또 다른 차원의 신선한 충격이었고, 다시 한 번 나의 사명과 위치를 심각하게 고민하게 되었으며, 나의 남은 인생의 때를 집중력을 가지고 전 역량을 다 쏟아 천국의 빈자리를 채우는 데, 하루하루를 가치 있게 하나님 앞에 드리겠노라고 다짐하고 결단하는 계기가 되었습니다.

　그리고 오늘도 사랑하는 교우들과 함께 먼저 지도자로서 목사인 나 스스로 솔선수범하며, 비가 오나 눈이 오나 바람이 부나 태풍이 부나 금쪽같이 귀한 시간을 쪼개어 영혼 구령에 힘쓰는 계기가 되었습니다. 한 영혼, 한 가정 구원받은 무리들이 하나님께로 돌아올 때마다 하나님의 한없는 축복과 사랑에 감사합니다.

오늘도 잃어버린 한 마리의 양을 위해, 우리들에게 전도자의 사명을 주신 주님의 부르심 앞에, 박상철 목사의 전도 세미나를 통해 우리 모두가 도전을 받고 기회를 선용하여 주님께 우리 자신의 생애를 아름답게 드리는 전도자의 삶을 살아가는, 우리모두가 될 수 있기를 소망하며 박상철 목사의 전도 세미나 책자를 강력 추천합니다.

기독교대한하나님의성회 (순복음)총회 선교위원장
순복음영동교회 담임 김 동 수 목사

하나님이 지으신 피조물 중 사람이 다른 동물과 다른 점은, 사람에게는 영혼이 있다는 사실입니다. 육체는 일시적이요 한 번 사라져 버리면 영원히 다시 찾을 수 없는 존재이며, 심히 연약한 존재입니다. 그러나 영혼은 영원한 존재이며 하늘에 살지 않으면 영원히 지옥으로 내려가야 하는 영혼 불멸의 실존으로서 그 가치가 대단히 높습니다.

그러기에 하나님은 독생자를 주시고 세상의 많은 영혼들을 위하여 피를 흘리게 하셨습니다. 또한 예수님이 승천하실 때 영혼 구원을 위하여 땅 끝까지 복음을 전하라고 하셨습니다.

이 책은 주님이 명령하신 '전도'에 대한 책입니다. 결코 체계적이거나 기술적인 신학 책이 아닙니다. 또한 종교적 논쟁을 위한 책도 아닙니다. 이 책의 목적은 목회자나 평신도 등 모든 믿는 자들의 심령 속에 영혼 사랑을 심어주고 전도에 전심을 다하자는 뜻에서 서술한 영혼 구령에 대한 것입니다.

필자는 이 책을 접하는 모든 이들이 다시금 깨어나 일어나서 세상 밖으로 뛰쳐나가 복음을 전하여 하나님께 영광을 돌리는 삶이 되기를 바라는 심정으로 기술하였습니다. 아무쪼록 세미나에 참석하신 모든 분들에게 이 책이 큰 보탬이 되었으면 하는 바이며, 또한 장기간 연재해 주신(복음신문) 관계자분들과 이 책이 탄생하기까지 물심양면으로 애써 주신 모든 분들께 감사의 말씀을 드리는 바입니다.

　마지막으로 이 책이 태어나기까지 모든 것을 주관하시고 인도하여 주신 하나님께 영광을 돌립니다.

박 상 철 목사

전도 십계명

1. 기도로 시작해서 기도로 끝내십시오.

2. 사람들을 두려워하지 마십시오.

3. 외모를 깨끗하고 단정하게 하십시오.

4. 상대방이 냉담하고 거칠게 반응할지라도 겸손과 미소로써 축복의 말을 하십시오.

5. 처음부터 끝까지 성령님을 붙잡고 그의 인도를 따르십시오.

6. 상대방의 말을 잘 듣고 칭찬해 주십시오.

7. 간증을 실감나게 하되 자기자랑이 아니라 하나님께 영광을 돌리십시오.

8. 중도에 포기하지 말고 끝까지 방문하십시오.

9. 전도 노트를 만들어서 이름과 경과를 기록하고 수시로 기도하십시오.

10. 날마다 시간을 정해 놓고 습관적으로 전도하십시오.

우리가 영혼 사랑에 대하여 얼마나 갈급함을 느끼며 살아가고 있는지 생각해 보신 적이 있습니까?

지금 이 순간에도 죽어가는 수많은 영혼을 바라보시며 가슴 아파하는 주님의 심정을 헤아려 보신 적이 있습니까?

더군다나 지금 우리나라뿐만 아니라 전 세계적으로 기독교가 타종교나 이단들에 의하여 침식되어 감을 볼 때 어찌 통탄하지 않을 수가 있겠습니까?

여러분!

이제 깨어나 일어나서 세상 밖으로 뛰쳐나갑시다. 마가의 다락방에 임하였던 성령 충만의 불과 같은 열정으로 복음을 전파해 봅시다. 그리하여 초대 교회의 대 부흥과 백 년 전 평양 대 부흥의 역사를 재현하는데 주인공이 되어 주님께 영광을 올립시다.

끝으로 주님 나라가 확장되고 왕성하기를 축원하며……
할렐루야!

차 례

호떡굽는 목사가 전하는 전도에는 방학이 없다!

전도는 누구나 할 수 있다

전도란 특별한 사람들만 하는 것으로 우리는 늘 생각하고 있습니다.

그러나 특별한 사람만이 전도를 하는 것은 결코 아니며 누구나 할 수 있습니다. 영혼 사랑의 마음과 집념을 가지고 전도에 임하면 주님께서 지혜에 지혜를 더하여 주실 것입니다.

세상의 모든 사람을 섬김의 대상으로 여기고 접근하면 주님께서 반드시 예비된 백성들로 붙여 주시고 열매를 맺어 주실 것입니다.

또한 정성을 다하여 임하면 그 정성을 통해서 상대방의 마음을 움직일 수도 있다는 것입니다.

그러나 많은 분들은 섬김을 받으려고만 하지 섬기지를 못하여 지쳐 쓰러지고 포기하고 맙니다. 꾸준히 나가서 밭의 돌도 골라 주고 잡초를 뽑아 주어 옥토를 만들고 기름지게 하면 자연히 수고의 대가로 열매가 맺어지는 것입니다.

전도 대상자의 외모나 여러 가지 여건 등으로 판단하지 말고, 믿지 않는 자 모두가 전도 대상자라는 사실을 염두에 두고 꾸준히 찾아가서 높이고 섬기면서 복음을 전하면 반드시 열매를 맺는다는 것입니다.

결론적으로 말하면, 전도란 특별한 사람들만이 하는 것이 아니라 누구나 할 수 있다는 것입니다. 언변이 없어서 전도의 체질이 아니라는 자신의 선입견을 버리고, 누구나 땀 흘리며 꾸준히 전도하면 주님께서 열매를 맺어 주시며 교회 부흥을 허락해 주실 것입니다.

여러분!

지금이라도 남녀노소 할 것 없이 모두 세상 밖으로 나가서 복음을 전해 봅시다. 그리하며 교회 부흥의 기쁨을 맛보지 않으시겠습니까?

할렐루야!

전도는 특별한 사람만 하는 것이 아니라 누구나 할 수 있다.
믿지 않는자 모두가 전도대상자라는 사실을 염두에 두고
꾸준히 찾아가서 복음을 전하기만 하면 반드시 열매를 맺을 수 있다.

기도는 부흥의 밑거름이다

한국의 5만여 개의 교회 중 80%를 차지하는 개척교회의 어려움과 고초는 '눈물 젖은 빵' 만으로는 설명이 안 될 정도로 눈물겹습니다.

필자는 사명감에 불타 목회자가 되었고 교회를 개척했습니다. 교회 문만 열어 놓으면 사람들이 구름떼처럼 몰려들 것 같았습니다. 하지만 가족만 앉혀놓고 예배드리던 때가 비일비재했습니다. 경제적인 어려움은 말할 것도 없었습니다. '하나님, 왜 이렇게 힘든 겁니까?' 하며 눈물로 기도했습니다. 만약 기도가 없었다면 일찌감치 교회 문을 닫았을지도 모릅니다. 결론적으로 말하자면

개척교회가 살 길은 전도밖에 없습니다. 전도하기 위해선 반드시 기도가 선행되어야 합니다. 기도 외에는 더 좋은 방법이 없습니다.

우리교회는 개척한 이래 지금까지 매일 밤 성경 봉독에 20분, 찬송을 30분 부르고 기도 시간을 갖습니다. 목회자는 기도의 갈급함을 느끼고 찾아오는 성도들을 위해 한 사람 한 사람 호명하면서 기도하고, 모든 성도들이 통성 기도를 할 수 있도록 유도합니다. 그렇게 기도하다 보면 1시간 30분 정도는 금방 지나갑니다.

동역자도 없이 사모와 단둘이서 개척하는 경우도 많습니다. 그렇다면

그 지역을 위하여 기도하고, 지역 교회를 위해 기도하며 그날그날 만난 사람들을 위하여 기도하면 됩니다. 기도하다 보면 반드시 주님께서 성도를 보내 주십니다. 기도 없이는 절대로 개척교회가 부흥될 수 없습니다. 기도가 원천이 되어야 합니다. 그런데 요즘 개척교회의 많은 목회자들은 기도 시간이 너무 부족하고, 너무나 갈 데가 많다는 것이 문제입니다. 기도는 적게 하고 여기저기 세미나 참석이나 공부하는 데 시간을 너무 많이 보내고 있습니다.

염려스러운 것은 그런 지식만으로는 안 된다는 것입니다. 현재 알고 있는 것 가지고도 열심히 연구하고 무릎 목회로 간다면 반드시 승리할 수 있다고 믿습니다.

기도하지 않는 목회자는 세상의 현상만 보고 설교할 수 밖에 없지만, 기도하는 목회자는 하늘의 영을 소유하여 목회하기 때문에 하늘의 비밀을 선포할 수 있는 것입니다.

목회자는 하늘의 소망을 성도들에게 알려야 합니다.

Point 2

기도 하지 않으면 교회 부흥도 없다.
무릎목회로 나가는 목회자는 하늘의 영을 소유하여 목회를 하기 때문에
하늘의 비밀을 선포 할 수 있다.

사모는 최고의 동역자다

목회의 과정에서 사모의 역할 비중은 과연 얼마나 차지할까요? 처음 개척했을 때 우리는 서로간의 관점이 너무나 판이했습니다. 목회 현장 속에서 사모의 부족한 모습이 곧잘 보였고 이는 곧 우리 두 사람 간의 좁혀지지 않는 관점의 차이로 나타났습니다.

시간이 지나고 보니 아무것도 아니었는데 개척 때에는 왜 그렇게 단점만 보였을까요? 목사는 사모의 말에 귀를 귀울여야 할 필요가 있습니다. 왜냐하면 자신은 정도를 걷고 있다고 스스로 생각하지만 옆에서 보는 사모에게는 불안하게 비춰질 수 있기 때문입니다. 그래서 사모의 의견을 객관적으로 경청하여 더 좋은 목회를 할 수 있는 방법을 그때그때 만들어 나가야 할 필요가 있습니다.

그러므로 서로 사랑하고 화목하면 목회 성공의 길이 뚜렷이 보입니다.

사모와의 전쟁을 겪으면서는 절대로 목회가 성공하기를 기대할 수 없습니다. 자기와 함께하는 동반자도 사랑하지 못하면서 목회를 잘할 수 있겠습니까? 목회자는 사모를 사랑하는 것부터 실천해야 합니다.

지금 사모와의 관계가 소원하다면 당장 관계를 회복하여야 합니다. 그러면 어떻게 회복하면 될까요?

첫째, 사모를 제일 소중한 아론과 훌로 보십시오. 사모로 보지 말고 제일 소중한 목회의 동역자, 사나 죽으나 함께할 수 밖에 없는 존재로서 곁에 있는 그 자체를 참으로 소중하게 생각하여야 합니다. 둘째, 가장 어려울 때 같이 울어 주며 기도하는 이는 오직 사모 한 사람뿐이라는 것을 꼭 알아야 합니다. 셋째, 사모가 적극적으로 도와줄 때 목회의 즐거움이 찾아옵니다. 넷째, 사모를 늘 칭찬하십시오. 그리고 위로하십시오. 다섯째, 가정에서는 늘 자상한 남편으로서 사모를 돌보며 사랑하십시오. 여섯째, 여자 성도들의 문제는 사모와 함께 의견을 나누십시오. 마지막으로 사모가 기도할 수 있도록 최대한 여건을 조성해 주십시오.

항상 그렇지만 개척 때에는 목회의 절반은 사모의 몫입니다. 사모의 도움이 절대적으로 필요합니다. 서로의 의견이 좀 다르다고 너무 성급하게 결정하지 말고 허심탄회한 대화로써 성숙한 목회를 하도록 하십시오.

사모를 사랑하는 법부터 알면 부흥은 서두르지 않아도 이루어지게 됩니다.

Point 3

사모는 최고의 동역자요 목회의 절반은 사모의 몫이라고 생각하고
항상 사랑으로 허심 탄회하게 대화를 통하여 결정하고 시행할 때
교회의 부흥은 이루어지게 됩니다.

교회 입구를 정성을 다해 꾸미자

　교회 문을 24시간 개방합시다. 특히 아름다운 꽃과 늘 푸른 나무등으로 입구를 장식하고 계단도 항상 청결하게 유지해야 합니다. 교회는 늘 신선하다는 생각이 들도록 꾸며야 합니다.

　세상에서 사업하는 사람들을 보십시오. 그 사업장의 입구를 보면 얼마나 눈에 띄게 해 놓았으며, 아름다운 장식으로 사람들의 시선을 사로잡고 있는가를! 이렇듯 교회의 입구는 포근함과 평안함 그 자체로 보여야 하며 절대로 삭막하게 보여서는 안 됩니다. 입구에서부터 망설이는 마음이 생기지 않게 만듭시다. 꼭 그 교회에 등록하지 않더라도 교회에 가서 기도하고 싶은 마음이 들 정도로 꾸며야 합니다.

　주님이 이곳에 교회를 세우심을 항상 상기하고 최고로 아름다운 교회, 멋진 교회로 만들어 누구든지 개척교회 같지 않다는 생각, 즉 부담감을 가지지 않도록 하자는 것입니다.

　그러나 명심하여야 할 사항도 있습니다. 개척교회는 너무 많은 물질을 들여서 꾸며 놓으면 안 됩니다. 너무 많은 물질을 들여서 꾸며 놓으면 오히려 역효과가 날 수 있습니다.

　왜냐하면 두 가지 유형의 사람들이 있기 때문입니다. 첫째는 부담 없이 가고 싶은 교회를 택하는 사람들이 있고, 한편으로는 자기와 수준이 비슷한 교회를 택하는 사람들도 있기 때문입니다. 그러므로 이 두 가지 요소가 적절하게 조화되어야만 개척교회는 부흥할 수 있습니다.

필자가 교회를 처음 개척할 당시에는 입구에 늘 신경을 썼습니다. 한 예로 입구에 '사랑합니다.'라는 글귀와 아이들이 교회에 쉽게 들어오게 하려고 '어린이를 환영합니다.'라고 장식하였고, 아이들이 손잡고 정답게 걸어가는 예수님의 그림을 현수막에 걸어 놓았더니 아이들이 쉽게 들어왔습니다.

그리고 교회 자랑거리를 코팅해서 붙여 놓고 꽃꽂이(강단의 꽃 재활용) 하였던 꽃으로 계단을 아름답게 장식해 놓았더니 매우 인상적으로 보였습니다. 많은 시간과 물질을 투자하지 않아도 세상에 지쳐 있는 사람들을 돌아보면서 한 번만 더 생각을 하면 우리 개척교회들이 정말 달라지지 않을까요?

그렇게 해서 정말 한 번 들어가 보고 싶은 교회가 된다면 얼마나 좋을까요?

교회의 입구는 포근함과 평안함 그 자체를 보여야 하며
절대로 삭막하게 보여서는 안됩니다.
누구나 즐거운 마음으로 들어 올 수 있도록 아름답게 꾸며 봅시다.

교회 위치 선정에 신중해야 합니다

교회를 처음 개척할 때에는 장소 선정이 매우 중요합니다. '기도를 많이 하고 말씀만 훌륭하면 되겠지.' 하는 단순한 생각으로 출발했다가는 얼마 못가 낭패를 보기 쉽습니다. 왜냐하면 대한민국에는 이미 많은 기존 교회들이 설립되어 있기 때문입니다. 심지어는 상가 한 곳에 교회 2~3개가 층별로 위치하는 경우도 많습니다.

개척 자금이 충분하다면야 좋은 장소에 땅을 구입하여 교회를 지으면 좋겠지만 그렇게 출발하는 교회가 얼마나 되겠습니까? 제약된 환경 가운데 교회 자리를 찾는다면 주변 환경에도 신경을 써야 교회 부흥에 도움이 될 것입니다.

◉ 그러면 피해야 할 곳과 좋은 위리를 알아보도록 합시다.

먼저 피해야 할 조건을 알아봅시다.

1. 큰 도로가 있어 차량의 왕래가 많은 곳.
2. 시장 입구나 시장 내부는 될 수 있는 한 피할 것.
3. 외딴 곳이나 상가라도 높은 층은 피한다.
4. 아파트 단지 내.
5. 관공서가 가까운 곳.

◉ 그러면 좋은 위치는 어느 곳일까요?

1. 동네 사거리에 위치하고 차량의 왕래가 적은 곳.

2. 사람들이 옹기종기 살며 지역 사람들을 자주 만나는 곳.

3. 느낌이 불안하지 않으며 쉽게 교회를 알릴 수 있는 곳.

4. 지역의 중앙에 위치하고 1층이면 더욱 좋습니다. 지하의 경우에
   는 교회 같은 기도원, 기도원 같은 교회로 꾸미면 가능합니다.

위와 같이 교회 입지 선정이 매우 중요한 것은 사실이지만, 개척을 해 놓고 교회 위치만 좋다고 안일한 생각이나 교만에 빠지면 교회의 부흥은커녕 실패만이 기다린다는 것을 알아야 합니다.

그러므로 목회자 여러분은 교회 입지 선정과 기도를 우선으로 하고 항상 겸허한 마음을 가지고 개척에 임해야 한다는 것을 명심하시기 바랍니다.

거리에서 청소하는 모습

교회 부흥의 승패는 교회 입지 선정이 매우 중요한 부분을 차지한다.
그러므로 그 지역의 경제 수준 및 지적 수준등을
면밀히 분석하여 결정하는 것이 필수적이다.

전도에 생명을 걸자

개척교회는 특정 지역에 무엇인가를 위해 미쳐 있어야 합니다. 처음에 필자의 교회는 전도지에 미쳐 있었습니다. 매일 오후 1시부터 5시까지 하루도 빠짐없이 6개월을 작정하고 전도지를 들고 다녔습니다. 온몸이 아파오기도 하고 힘이 들어 지쳐 있었지만 개척 정신 하나로 이를 악물고 전도에 매진하였습니다. 오라는 데는 없어도 갈 곳은 너무나 많았습니다.

전도는 성경의 말씀처럼 해도 되고 안 해도 되는 것이 아니기 때문에 꼭 해야만 하는 것이지만 역시 힘이 드는 것은 사실입니다.

첫째, 전도는 인내가 필수적입니다. 둘째, 전도는 내가 하는 것이 아니라 주님께서 해 주셔야 합니다. 셋째, 전도는 기도 없이는 안 됩니다. 넷째, 전도는 교회에 성도가 올 때까지 계속해야 합니다.

필자가 6개월을 작정하여 전도하였지만 아무도 오지 않았습니다. 그래도 꾸준히 전도하여 11개월째가 되면서부터 성도가 오기 시작하여 매주 등록하였고 부흥되기 시작하였습니다. 부흥이 계속 되는 가운데도 전도는 계속하였습니다. 그리고 1년에 무려 11번이나 전도지를 개발하였고, 전도지 내용도 늘 새롭게 구성했습니다. 그리고 전도되어 오는 모든 성도들마다 전도와 한 영혼의 귀중함에 대하여 말씀하였으며 천국에서의 상급에 대하여 강조하였습니다. 그리하여 교회의 전도화가 되었으며 전도의 소중함을 깨닫는 성도들이 나오기 시작하였고 매일 하루도 빠짐없이 전도하는 성도가 늘어나기 시작하였습니다.

인생의 모든 문제는 전도로 해결 받고 전도하는 자는 하나님의 축복을 받는 다는 것을 알게 되었습니다. 전도는 하면 할수록 한 영혼의 귀중함을 깨닫게 됩니다. 그러면 전도는 누가 해야 되는가? 성도 없이 개척자밖에 없는 교회에서는 목사와 사모가 사력을 다하여서 전도를 해야 합니다. 전도는 하지 않고 양이 오기를 기대한다면 도둑 심보입니다.

전도를 하면 반드시 양떼를 보내 주십니다. 개척만 해 놓고 전도는 하지 않고 다른 곳에 정신이 팔려 있으면 절대 안 됩니다. 교회의 재정은 전도의 축복으로 주님이 꼭 채워 주십니다.

교회가 어려우면 전도를 하십시오! 주님이 이 땅에 오신 것은 오로지 영혼 구원에 목적이 있습니다. 모든 사람들이 예수를 믿어야 하지 않겠습니까? 전도에 생명을 겁시다. 미쳐 봅시다. 그리고 반드시 부흥이 된다는 확신을 가집시다. 6개월을 작정하여 전도하면 반드시 양떼를 보내 주신다는 확신을 가져야 합니다.

Point 6

개척교회는 전도에 미쳐야 한다.
전도가 곧 부흥의 열쇠이기 때문이다.
비가 오나 눈이 오나 쉬지 않고 지속적으로 전도 할때
주님이 성도들을 보내주신다.

전도가 부흥이다

전도는 해도 되고 안 해도 되는 것이 아닙니다.

주님이 이 땅에 오신 목적은 '오직 영혼 구원' 사역이었습니다. 그러므로 우리도 영혼 구원을 목표로 매일 전진해야 합니다. 교회 부흥을 원한다면 최소한 6개월을 하루도 빠짐없이 3시간 이상 전도해 보십시오. 반드시 일꾼을 붙여 주십니다.

대부분의 사역자들은 개척을 해 놓고 전도에 관심은 많이 있으나 전도에 욕심을 내지 않습니다. 어디든 누구든 가리지 말고 무조건 전도해야 합니다. 전도는 어려운 것이 아닙니다. 전도지를 들고 밖으로 나가십시오. 어렵다고 포기해버리는 분들이 많이 있지만 그냥 이집 저집 길거리에서 만나는 사람들에게 전도지를 나누어 주십시오. 그러면 됩니다.

개척자가 한 영혼 한 영혼을 소중하게 여기며 사랑할 때 주님은 영혼을 보내 주십니다. 필자가 전도할 때, 그 맛을 알기까지 나 자신과의 싸움을 수도 없이 많이 하였지만 결국 승리하게 되니 교회 부흥의 불꽃이 타오르기 시작하였습니다.

전도를 해 봐야 한 영혼의 소중함을 알게 됩니다. 또한 그 영혼을 위하여 기도할 때 자녀를 양육하는 부모의 심정을 깨닫게 됩니다. 전도를 재미있는 예수님의 놀이 문화로 생각해 보십시오. 예수님은 제자들이 갈릴리 바닷가에서 열심히 그물 깁고 고기 잡는 것도 보시며, 세상에서 자기 일에 열심히 살아가는 그들에게 복음을 증거하셨습니다. 그런 다음 그들을 제자로 받아들이셨습니다.

필자는 누구든지 다 전도자로 변화시킬 수 있다고 봅니다. 주님이 오신 목적을 알게 된다면 모든 성도들의 심령 속에 전도의 불길이 타오를 것입니다. 전도는 정말 재미있습니다. 필자의 교회는 재정의 80%를 전도에 사용하고 있습니다. 개척의 꿈은 차고 넘쳐야 합니다. 전도는 한 영혼이 두 영혼, 두 영혼이 네 영혼으로 배가 됩니다. 다른 방법을 찾아 여기저기 다닐 필요가 없습니다. 죽도록 한 자리에서 전도합시다. 죽도록 전도하면 부흥이 되지 않을 수가 없습니다. 조금 하다가 중단하지 말고 부흥될 때까지, 부흥의 파도가 밀려올 때까지 수만 장의 전도지를 뿌려 영혼이 주님의 나라로 돌아오면 그것이 바로 우리에게 맡겨진 사명을 감당하는 것이 아닐까요?

주일학교 전도하는 모습(팝콘)

교회 부흥을 위해 다른 방법을 찾아 여기 저기 뛰어 다닐 필요가 없습니다.
죽도록 한 자리에서 전도합시다.
죽도록 전도하면 부흥의 불꽃은 타오르기 마련입니다.

누가 부흥을 싫어하겠는가

개척교회는 오직 부흥만을 갈망하여야 합니다. 성경 말씀(히 11:1)을 보면 "믿음은 바라는 것들의 실상"이라고 했습니다. 어떠한 관문도 통과해야만 합니다. 그러므로

부흥을 매일같이 꿈꾸며 소망이 내 안에서 잉태되어야하며 부흥을 향한 간절한 마음이 불타올라야 합니다.

우리는 부흥을 잊어버리고 사는 세대에 처해 있다고 합니다. 그러나 필자는 절대로 그렇지 않다고 생각합니다. 왜냐하면 부흥을 꿈꿀 때에 그 파도가 밀려오기 때문입니다. 필자도 교회 간판만 걸어 놓으면 당연히 부흥이 될 줄 착각했습니다. 그러나 절대적인 부흥의 요소 없이는 부흥이 되지 않았습니다. 감나무 밑에서 감 떨어지기를 바라는 요행을 바라지 말고 나무에 올라가서 감을 땁시다! 이 사실은 누구나 다 압니다. 그러나 그 수고로움을 피해 가려는 것입니다.

모두 세상 밖으로 나가 보십시오. 그곳에는 우리를 기다리는 영혼들이 줄지어 있습니다.

예수 믿다가 실족하여 교회에 나가지 않는 자들도 너무나 많습니다.

항상 느끼는 것이지만, "오늘 내가 전도하러 나가지 않았다면 저 불쌍한 영혼들이 지옥으로 떨어지는데 왜 망설이고 있는가?

부흥을 갈망하면서 전도에는 최선을 다하지 않는가? 부흥을 갈망하면서도 전도에 목숨을 걸지 않는가?"하고 생각해 보십시오.

가만히 앉아서 다른 사람이 부흥의 물결에 합류하기만을 바라는 것은 우스운 일이지 않겠습니까? 부흥을 갈망하는 절대적인 욕구와 총력을 다 합시다. 비가 오는 것을 예비하여 우산을 준비하는 것처럼, 부흥의 파도는 반드시 밀려온다는 사실과 그 파도를 신나게 타면서 굳건한 인내로 한 영혼의 소중함을 알고 부흥의 역사를 기대합시다. 주님은 한 영혼 한 영혼을 인도할 때부터 100명, 1000명, 또한 1만 명을 보내 주신다는 것을 확신하며, 우리 모두 한 영혼 한 영혼을 위해 눈물의 기도로 밤을 지새우고 오직 주님만을 바라보며 매일매일 세상 밖으로 나갑시다.

Point 8

부흥은 꿈꿀때에 그 파도가 밀려 옵니다.
가만히 앉아서 부흥의 물결에 합류하기만을 바라는 것은 우스운 일입니다.
부흥을 갈망하는 절대적인 욕구와 총력을 다 합시다.
부흥을 꿈꿀때 부흥의 파도는 반드시 밀려온다는 신념을 가지고 말입니다.

부흥의 소리

인간은 소리에 아주 민감합니다. 성경에 보면 예수님이 물 위로 걸어오실 때 베드로는 유령으로 착각했습니다. 그러나 예수님인 것을 알고 "주님 저도 걷게 해 주세요."라고 말했습니다. 주님은 베드로에게 걸으라고 말씀했습니다. 그런데 조금 걷다 바람소리에 놀라 바다에 빠지고 만 것입니다.

여기에서 우리는 한 가지 기억해야 할 것이 있습니다. 그것은 바로 예수님의 소리입니다.

우리는 부흥의 소리를 들어야 합니다. 예수님과 함께하는 곳에는 부흥의 소리가 들려옵니다. 교회의 부흥은 오직 예수님의 능력이 임해야 합니다.

그것은 반드시 부흥의 소리와 같습니다. 태풍이 불어올 때 그 소리는 굉장합니다. 거대한 부흥을 꿈꾸는 자는 거대한 부흥이 강하게 밀려올 것을 기대해야 합니다. 이 시대가 바로 부흥을 꿈꿀 수 있는 시대임을 알아야 합니다.

필자는 바닷가에서

큰 배를 만드는 것을 보았습니다. 그 거대한 꿈을 실현하기 위해서 먼저 설계하고 그 설계대로 하나하나 건조해 나가는 것입니다. 중도에 포기하지 않고 완성될 때까지 꾸준히 설계대로 해 나갑니다.

목회자도 교회 부흥의 소리가 들릴 때까지 전도에 매진해야 합니다. 전도에는 인내가 필수입니다. 목회자들이 전도를 소망하고 꿈은 거대하게 가지지만 설계가 없다는 것입니다. 전도가 물질의 통로라는 것을 알지 못합니다. 무엇인가 작계라도 시도하면 하나님께선 도와주신다는 것입니다.

전도는 하나님과 직속 문제 해결의 지름길입니다. 부흥의 소리는 바로 전도할 때 들려옵니다. 아이가 10개월 동안 어머니 뱃속에서 하나님의 은혜로 설계되어 이 세상에 나올 때 그 울음소리는 굉장히 우렁찹니다. 하나님께서는 우리에게 이렇게 준비에 준비를 하게 합니다. 준비한 만큼 열매도 있습니다.

Point 9

목회자는 교회 부흥의 소리가 들릴때까지 전도에 매진해야 합니다.
전도에는 인내가 필요합니다.
또한 전도는 축복의 통로입니다.

먹이 전도

개척은 먹이 전도가 필수적입니다. 새떼가 날아오는 이유를 보면, 어디선가 그냥 오는 것이 아니라 먹이를 보고 날아옵니다.

필자는 처음 교회를 개척하고 교회 앞에서 호떡을 굽기 시작했습니다. 아이들이 오기 시작하고 그 다음에는 중장년층이 호떡을 먹기 위해 모여들었습니다. 사람들과 접촉하는 데 매우 용이해졌습니다. 그 때마다 복음을 증거했는데, 지역 사람들의 특성을 파악하는 데 가장 빠르고 최고의 방법이었습니다.

누구는 예수를 믿고, 누구는 실족당하여 주님을 떠나 있으며, 누구는 아직까지 예수님을 받아들이지 않고 있고, 믿고는 싶은데 쉽게 걸음을 옮기지 못하는 자 등이 자연스럽게 파악되어 전도 대상자가 정해지기 시작하였습니다.

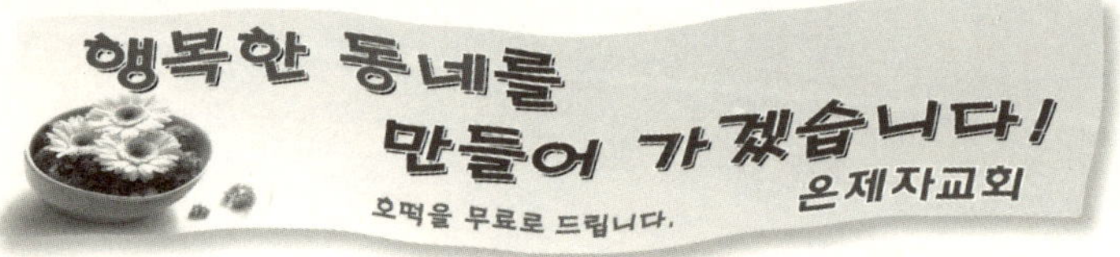

평소 접근하기 어려운 사람들도 아주 쉽게 호떡을 먹는 3~5분 동안 대화를 하게 됨으로써 복음을 전할 수 있었습니다. 지역 사람들을 파악하게 되니 그 지역 사람들과의 관계가 아주 편해졌고 이제는 서로 인사

를 나누며 감사의 마음들을 주고받는 경우가 많이 생겼습니다.

처음에는 매일같이 호떡을 굽는 데 비용이 만만찮게 들어가겠구나 생각했지만, 먹이 전도 중에서 가장 적은 비용으로 전도 효율성을 올릴 수가 있었습니다. 정말 매우 값진 전도 방법이었습니다.

이제는 개척해놓고 망설이지 말고 작은 일이라도 실천에 옮겨봅시다. 날씨가 추워지면 뜨거운 호떡이 생각나서 스스로 찾아오는 이들에게 복음을 함께 전해봅시다. 주님께서 더 많은 일꾼을 붙여 주어서 더 많은 전도, 더 큰 은혜를 주실 줄 믿습니다.

Point 10

전도는 먹이 전도가 굉장히 효율적입니다.
그로 인하여 지역 사람들을 파악하게 되고 지역 사람들과의 관계가
편해져서 쉽게 복음을 전할 수 있었습니다.

전도지의 중요성

교회 소개는 오직 전도지밖에 없다는 것을 항상 염두에 두어야 합니다. 대기업의 광고지나 TV 광고를 보면 '아! 다시 보고 싶다.'는 생각이 들어 눈길을 사로잡습니다. 우리도 이제는 전도지를 만들 때마다 기존의 평범한 틀에서 벗어나 좀 더 섬세하고 아름답게 가슴에 와 닿는 전도지를 제작한다면 한층 더 돋보이지 않겠습니까?

그러면 전도지를 그냥 버리지 않고 다시 한 번 유심히 바라보게 됩니다. 그러므로 심사숙고하여 교회의 이미지를 충분히 살리도록 전도지를 제작하여야합니다. 필자의 교회는 전도지를 최고로 고급스럽게 만들었으며 내용도 충실하게 제작하였습니다. 많은 사람들이 그 전도지를 받고 나서 '너무나 성의 있게 만들어서 버릴 수가 없었다.'고 했습니다. 어떤 신학생은 그 전도지를 보고 저희 교회를 섬기기도 했습니다. 전도지는 그 교회의 얼굴과 같습니다. 그만큼 중요하다는 것을 꼭 명심하기 바랍니다.

개척교회는 기도하는 교회, 타오르는 불꽃같이 꺼지지 않고 뜨겁게 살아 역사하는 교회가 되어야 합니다. 365일 기도하는 교회, 갈급함을 채워주는 교회, 그렇게 보이기 위해서는 언제나 기도가 살아있다는 인식을 심어주어야 합니다. 그러면 주님이 그 지역에 기도 동역자를 꼭 붙여주십니다.

저녁 9시 기도회, 새벽 5시 기도회로 승부를 건다는 슬로건을 걸어봅시다. 기도의 동역자들이 하나 둘 모여들기 시작할 것입니다. 갈급한 심령들은 전도지를 접하게 되면 구름 떼와 같이 모여들게 되어 있습니다. 그러므로 기도하는 목사, 사모, 성도들을 보여주기 바라며 전도지를 최대한으로 활용함으로써 많은 동역자들과 더불어 불꽃같이 타오르는 부흥의 역사를 이루어 봅시다.

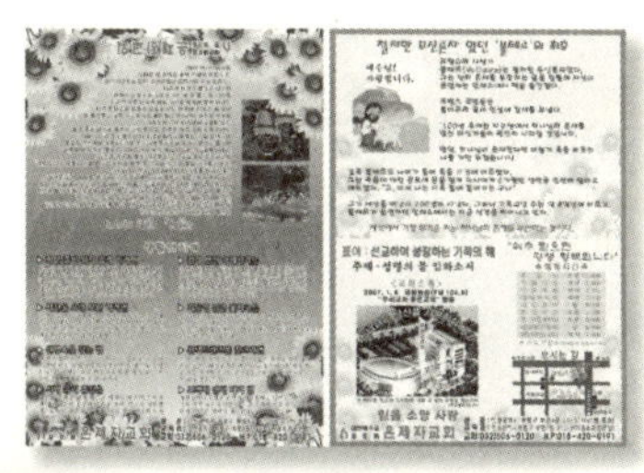

Point 11

전도지를 만들 때 마다 기존의 평범한 틀에서 벗어나
좀 더 섬세하고 아름답게 가슴에 와 닿는 전도지를 제작하여
그냥 버리지 않고 다시 한 번 더 유심히 볼 수 있게 합시다.

부흥이 될 때까지

우물을 파는 사람들의 이야기를 들은 적이 있습니다. 특별한 기술이 있는 것이 아니라 물이 나올 때까지 우물을 판다는 것입니다.

필자의 교회는 많은 개척교회 목사님들께서 오셔서 힘을 얻고 돌아가는데, 대부분 목회자들이 최선을 다하지 못했다는 것을 깨닫게 되었다고 합니다.

영혼 구원, 부흥의 길이 얼마나 좋은가?

주님께서 가장 기쁘게 여기신다는 것은 모두가 아는 사실이지만 엉뚱한 방향으로 부흥을 생각하는 목회자들이 가끔 있는 듯합니다. 일회성이나 부흥의 정도와는 조금 다르게 인식하는 경우가 종종 있는데, 부흥을 위해서라면 오직 전진, 부흥의 전진이 필수적입니다.

부흥 성회를 한 번 열 때 전도지를 가가호호 직접 방문 전달하다 보면 놀라운 사실이 일어나는 것을 알 수 있습니다. 교회를 알리는 계기도 되지만 준비하는 마음, 최선을 다하는 마음 모두가 한마음이 되는 것을 느끼며 부흥 성회 내내 교회를 가득 메워 주시는 놀라운 역사의 현장이 되는 것을 경험하게 됩니다.

1일 간증 집회를 하여도 역시 온 성도가 1~2개월 동안 전도지를 직접 배포하는데 역시 교회 안이 차고 넘치는 것입니다.

그러므로 우리 노력의 대가에 꼭 답해 주시는 주님이심을 상기하고 최선을 다하는 마음, 특히 교회에서 할 수 있는 방법은 다 동원해 봅시다.

개척교회 대부분이 너무 큰 것만 바라보고 많은 사람들만 바라보는데, 한 사람이 모여 두 사람, 두 사람이 모여 네 사람, 열 사람……, 작은 불씨가 큰 불길이 되는 것처럼 한 작은 영혼도 소중히 여기시는 주님과 같이 우리들도 그렇게 하여야 하지 않을까요?

명심합시다. 부흥이 될 때까지 한 영혼이라도 소중히 여기며 끊임없이 최선을 다합시다.

Point 12

전도는 부흥이 될 때 까지 지속적으로 하여야 합니다.
일회성으로 끝나서는 않되며 성도가 올 때 까지 끊임없이 최선을 다합시다.

전도는 즐거운 시간

　　필자의 교회는 '전도자가 즐거운 시간'으로 정착이 되어 있습니다. 교회마다 목사가 전도에 전심전력을 다하게 되면 그 마음을 아시는 주님께서 반드시 열과 성을 다하는 일꾼(전도자)들을 붙여 주심을 알게 되었습니다.

　　전도의 문화를 세우기까지는 그리 쉽지만은 않을 것이라고 봅니다. 전도에 마음만 가지고 있지 말고 무조건 세상 밖을 향해 달려 나가 보자는 것입니다. 그 모습을 보는 순간 성도들은 "우리 목사님은 전도에 정말 미친 목사"라고 말하게 됩니다. 목사가 성도들에게 무조건 전도하라고 하지만, 성도들은 전도를 어떻게 해야 하는지 또 처음에는 무슨 말부터 꺼내야 하는지 조차도 모릅니다.

　　그런 성도들의 마음속에는 '늘 전도해야지.' 하면서도 머리에 메아리만 울릴 뿐 자신감을 갖지 못하고 행동으로도 옮기지 못하는 경우를 볼 수 있습니다. 그럴 때 성도들과 같이 밖으로 나가서 직접 부딪쳐 보면서 스스로 전도가 즐겁다는 마음이 생길 때까지 동행하고 기쁨의 소망이 넘칠 때까지 전도하면 됩니다.

　　누가 와서 도와주는 것도 아닌데 안일하게 앉아서 "가난한 개척교회입니다."라고 표시내지 말고 힘껏 죽을힘을 다하여 뛰어 봅시다.

인내를 가지고 주님의 놀라운 사랑을 가슴에 한껏 품고 이 세상 어디든지 나가 보면 정말 전도의 즐거움을 만끽하게 될 것입니다.

개척만 해놓고 저절로 부흥이 될 것이라고 믿고만 있는 안타까운 목자들도 때론 많습니다. 전도하지 않으면 이상하게 여길 정도로 매진 또 매진하면 꼭 예비된 영혼들은 물론 어디엔가 미쳐 보고 싶은 갈급함을 가진 성도들을 만나게 될 것입니다. 가만히 앉아만 있지 말고 복음을 들고 세상으로 뛰쳐나가 보지 않겠습니까?

성도들에게 무조건 전도하자고 하지만, 성도들은
전도를 어떻게 해야 할 지 또 무슨 말부터 해야 할 지 매우 두려워합니다.
그럴 때 목사는 성도들과 같이 나가서 전도함으로 인하여
전도는 누구나 할 수 있다는 것을 깨우쳐 줍시다.

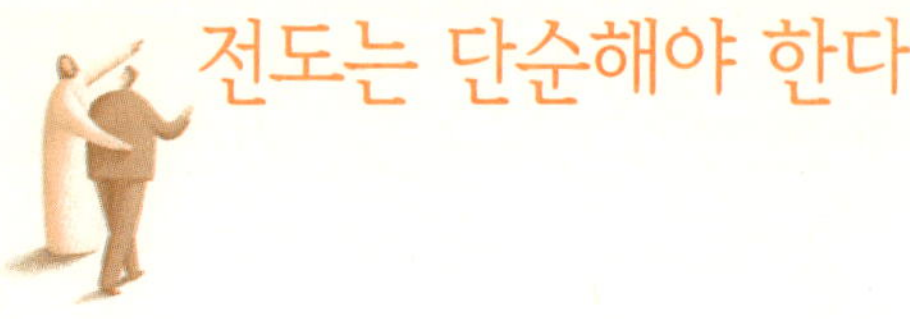

전도는 단순해야 한다

전도의 자세는 겸손함과 부드러운 미소를 겸비하고 편안한 이미지로 다가가는 것이 중요합니다.

많은 사람들이 단순 복음(엑기스 복음)을 전해야 하는데, 진짜 필요한 것은 전혀 전하지 못하고 엉뚱한 데로 빗나가고 마는 경우가 많이 있는 것을 볼 수 있습니다. 복음이란 짧고 분명하게 전하는 방법을 알아야 합니다.

"주 예수를 믿으라, 그리하면 너와 네 집이 구원을 얻으리라"하고 단순 복음으로 전하면 되는 것입니다. 그러나 듣는 이가 알아듣지 못하는 유식한(복잡한) 복음을 전하면 돌아서는 순간 모두 잊어버리고 다시는 들으려고도 하지 않으려고 하는 분들을 종종 만나게 됩니다.

최소한
1. 예수 믿으세요.
2. 예수 믿으면 구원받습니다.
3. 예수님은 하나님의 아들입니다.
4. 예수님은 하늘에서 오신 하나님의 아들입니다.
5. 예수님이 오신 목적은 우리의 죄를 대신 짊어지고 십자가에 죽으시고 장사된 지 사흘 만에 부활하신 분입니다.

6. 우리가 예수만 믿으면 모든 죄를 용서받고 성경의 말씀처럼 "죽어
   도 그 영혼은 천국 간다."라고 전하면 됩니다.

더욱 단순하게 전하고 싶으면 "예수님을 믿으면 당신의 죄를 용서받
고 하나님의 자녀가 되고 영생을 얻습니다." 이렇게 간단하게 무장하여
밖으로 나가기만 하면 역사합니다.

그리고 반드시 필요한 것은 성령님을 의지하는 것입니다. 즉 인간의 생각으
로 전도를 한다고 생각하지 말고 성령님이 하신다고 생각하여 망설이거나 두려
워하지 말고 담대함으로 무장합시다.

학벌이 없어도, 말재주가 없어도 열등의식을 모두 벗어버리고 예수님
이 붙들어주시고 성령님이 동행해주신다는 신념으로 담대히 전도에 임
하면 역사는 당연히 일어납니다.

전도는 성령님을 의지하는 것입니다.
즉 인간의 생각으로 전도한다고 생각하지 말고
성령님에게 의지하여 두려워하지 말고 담대하게 나아갑시다.

전도자가 쓰는 용어와 자세

전도자가 쓰는 용어는 참으로 중요한 부분을 차지한다고 말할 수 있습니다. 전도자가 겁을 내면 어떤 말로써 상대방에게 접근해야 할지 몰라 사람들 앞에서 망설이는 경우가 종종 있습니다.

어떠한 경우라도 서두르지 말고 먼저 가서 자세를 낮추고 겸손하게 밝은 미소로 인사하며 사람들 앞에 나서면 별 무리가 없을 것이라고 생각합니다.

아이들부터 장년층까지 용어를 적절하게 사용하면 마음의 문이 쉽게 열리는 것을 볼 수 있게 됩니다.

우리나라는 동방예의지국(東方禮義之國)이라고 하지 않습니까?

복음을 전하는 데 있어서도 예의를 갖추면 순조롭게 접근할 수 있으며 순간순간 재치를 발휘할 수도 있습니다.

예를 들어 연세가 드신 남자 분을 만났을 때는 "어르신, 안녕하세요?"라고 하고, 연세가 지극히 드신 여자 분을 만났을 때는 무조건 "어머니, 안녕하세요?"라고 접근을 시도하면 금방 친근감을 느끼게 됩니다.

그러므로 상대를 높이는 용어가 꼭 필요합니다.

또 한 가지 예를 들면, 초등학생이나 유치부 어린이들에게는 공주님,

왕자님이라고 불러주며 "여러분들이 하나님과 예수님을 믿으면 하나님의 자녀가 되며 천국 갑니다."라고 말해줍니다.

그래서 하나님의 아들딸이 되어 대통령의 아들딸보다 더 높고 훌륭한 사람이 된다고 말해주면 어린이들은 밝은 미소로 마음의 문을 활짝 열게 될 것입니다.

앞에서 언급한 용어뿐만 아니라 옷차림새도 매우 중요합니다.

그러므로 정장차림으로 전도에 임하면 상대방에게 깨끗하고 반듯한 인상을 심어줄 수 있습니다. 그와 더불어 두발 상태나 자세 등 신선함을 풍기는 외모는 복음을 전하는 데 더욱더 깊은 믿음과 신뢰감을 심어줄 수 있을 것입니다.

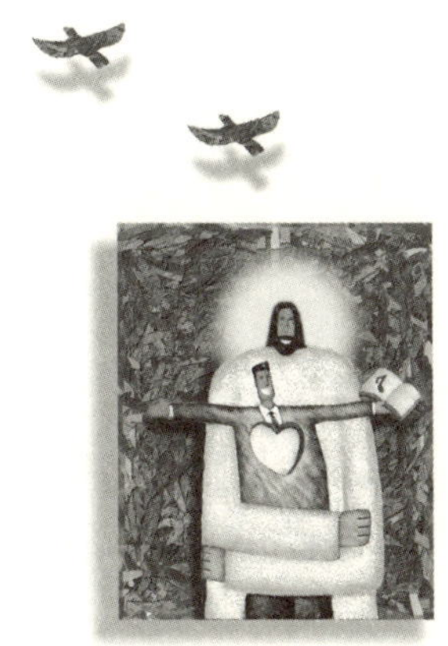

전도 시에는 정장 차림을 하라.
그리하면 상대방에게 깨끗하고 반듯한 인상을 심어 줄 수 있다.
그와 더불어 용어로 항상 상대방을 높여주는 경어를 사용하라.

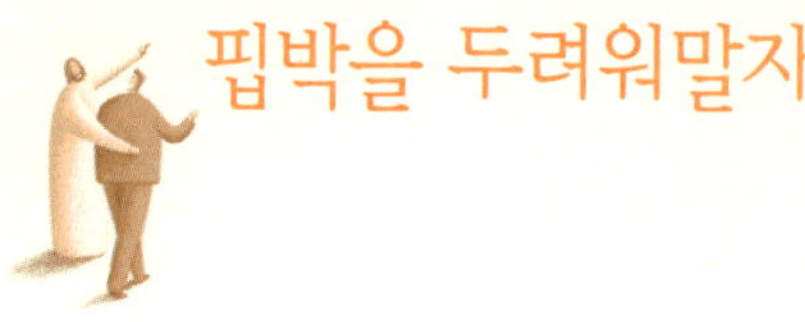

핍박을 두려워말자

　전도자가 핍박받을 것을 미리 두려워하여 전도를 망설이는 경우를 많이 볼 수 있습니다. 많은 사람들이 핍박받는 것을 먼저 생각하고 도전해 보지도 않은 채 주저앉고 마는 경우가 많이 있습니다. 또한 전도자가 나약한 마음과 자신 없는 전도 실체가 연관이 되어 정말 전도에는 자신이 없다는 성도나 목회자를 종종 만나보게 됩니다.

　사실 전도에 있어서 핍박은 아주 작은 일부분입니다. 핍박당하면 성경의 말씀처럼 "하늘의 상급이 크다"라는 말씀을 가슴에 품어봅시다. 이 얼마나 감사와 은혜의 말씀인가요? 정말 제일 귀한 삶이요, 최고의 삶이 되지 않겠습니까?

　우리는 전도, 즉 영혼 구원을 귀히 여기시는 주님을 떠올리면서 모든 문제를 해결하고 감사의 전도자가 되어봅시다. 전도자는 반드시 핍박과 고난의 능선을 넘어가야하기에 머리채가 잡혀도, 목덜미를 잡혀도 당당하게 부끄럼 없이 주님의 복음을 전해봅시다.

　미소와 사랑을 선사하면서 복음을 전하면 모든 불신자들이 마음의 문을 열고 주님 앞에 나오게 됩니다. 특히 필자는 이렇게 생각합니다. 핍박을 당하고 있다면 나는 선택받은 사람이요 정말 주님께 붙잡힌 전도자라는 사실을 명심하고 감사해야 합니다. 핍박이 많으면 많을수록 하나님께서 나에게 예비된 영혼, 수많은 영혼을 붙여주신다고 생각하면 됩니다.

그러므로 우리는 핍박 앞에서 좌절하지 말고 담대하게 주님을 의지하고 나아가야 합니다.

두려워 맙시다.

나의 뒤에는 주님이 능력의 손으로 강하게 붙들어주시며, 천군천사의 보호가 있으니 예수님의 능력을 가지고 나가면 능치 못하심이 없으신 주님의 인도함이 있을 것입니다. 반드시 역사할 것입니다.

승리합시다.

그분의 능력을 의지하고.

Point 16

핍박을 받고 있다면 나는 선택 받은 사람이요.
주님께 붙잡힌 전도자라는 사실을 명심하고
핍박 앞에서 좌절하지 말고 담대하게 나아갑시다.

# 관계 전도법

과거에는 많은 전도자가 뚜렷한 목표 설정이나 방법의 뒷받침 없이 전도를 했으나, 이제는 전도의 방법을 모색해가면서 전도를 하거나 노하우(know-how)를 가지고 전도하는 것을 많이 볼 수 있습니다.

그 중에서도 관계 전도법은 매우 중요한 부분입니다. 지역에서 사람들을 만날 수 있는 계기를 만들면 한 사람을 알게 되지만, 그 한 사람 한 사람으로 인하여 여러 사람을 접할 수 있게 됩니다.

우리 주위에서 가장 가까운 예로 슈퍼마켓, 미용실, 이발소, 문구점, 식당, 철물점 및 지역 공원 등을 대상으로 정하고 전도를 시작하는 것입니다. 이런 곳에서부터 우리는 관계를 맺으면서 아주 쉽게 지역을 파악할 수 있고 그들과 자주 접하게 되는 것이 아닌가요?

일상생활을 관계로 맺자는 것인데, 자연스럽게도 그 지역을 아군으로 만들면서, '아픈 이가 없는가? 교회를 다니다가 실족한 이는 없는가? 상처받은 이는 없는가? 삶에 실패한 자들은 누구인가?' 등을 살피면서 이러한 영혼들을 소개받을 수 있도록 환경을 조성하면 되는 것입니다.

이러한 것이 관계에서 비롯되는 것인데 이들은 그분들이 소개해주십니다. 그렇게 소개를 해주면 꼭 찾아가 만나보아야 합니다.

필자도 처음 개척 당시에 사모와 함께 관계 전도를 시도하였더니 전도 대상자를 쉽게 만날 수 있었습니다. 그 다음은 그분들을 위하여 생명 걸고 기도하기 시작하였습니다. 놀라운 것은 우리 주님께서 그 모습을 지켜보시고 한 사람, 한 사람 그들의 심령을 노크해 주시고 인도하여 주셨습니다.

만나고 나면 반드시 기도를 해야 합니다.

전도를 어떻게 해야 할지 망설이는 분들이여! 절대로 망설이지 말고 논밭에 나가서 씨를 뿌리면 많이 나오든 적게 나오든 간에 목에 넘어갈 양식을 거둘 수 있듯이, 현장에 나가서 복음의 씨앗을 많이 뿌려 놓으면 관계가 형성되며 목마른 자들이 인도하여 주기를 기다리고 있게 됩니다.

목양실에서의 저자

우리 주위에 가장 가까운 예로 슈퍼마켓, 미용실, 이발소, 문구점, 식당 등을 전도 전초기지로 삼고 관계전도를 펼쳐 나가자.

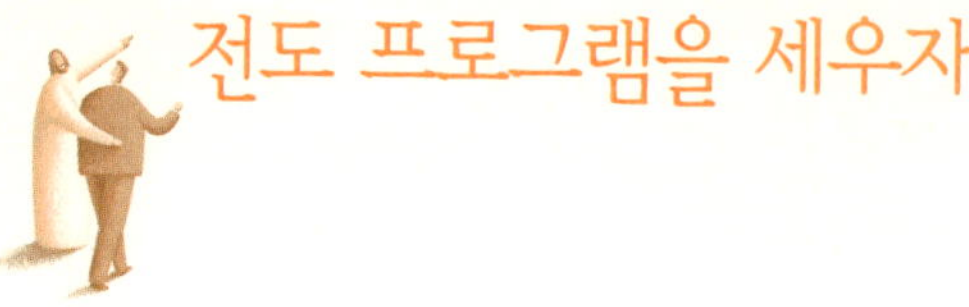# 전도 프로그램을 세우자

필자의 교회는 한 주 동안 전도할 장소를 선정하여 계획을 세우고 기도하며 세상으로 나갑니다. 먼저 전도하는 장소를 세밀하게 분석하여 선정합니다. 그렇게 전도할 때와 그렇지 않은 경우의 차이는 너무나도 크다는 것을 매번 느끼게 됩니다.

왜냐하면 전도할 때, 그냥 막연하게 하면 절대 성과가 없습니다. 우리가 흔히 생각할 때는 갈 곳이 많은 것 같지만 막상 전도하려고 나가면 막막한 것이 전도자의 심정입니다. 그러나 전도자가 교회의 전도 프로그램에 의해 움직이면 전도에 자신감이 생겨 그 때부터 교회의 전도 프로그램을 의지하지 않고서도 전도를 하게 됩니다.

필자의 교회는 모든 성도들을 전도자로 만들기 위한 방법으로 손쉽게 접근할 수 있는 프로그램을 통하여 복음을 전할 수 있도록 훈련 후에 전도자의 길을 가게 합니다. 많은 분들이 전도하는 것이 어렵다고 이야기하는 것은 전도 훈련이 없기 때문인데, 전도의 노하우는 끊임없이 계속 전도할 때 자연스럽게 생기는 것입니다.

전도는 무엇입니까? 곧 영혼 생명 살리는 길입니다. 교회 안에는 성도들마다 각자가 가진 달란트가 있습니다. 그러므로 그 달란트를 발견하고 그 달란트에 맞는 전도자로 세웁니다.

결론적으로 전도에 대한 전반적인 프로그램을 바로 세우고 요소요소에 적합한 달란트를 가진 성도들을 전도자로 투입하여 끊임없이 전진할 때 승리의 그날이 오리라고 생각합니다.

부디 주님에게 발견되어 쓰임 받는 전도자가 되기를 기원합니다.

Point 18

우리가 흔히 생각 할 때는 갈 곳이 많은 것 같지만
막상 나가보면 막막한 것이 전도자의 심정이다.
그러므로 사전에 전도할 장소를 선정하여 계획을 세우고 기도하며 나가자.

설교의 영혼 구원

목회자들의 설교는 영혼 구원이 분명해야 합니다. 주님이 이 세상에서 이루고자하여 오신 목적을 대변하는 대변인이기 때문이죠. 필자 또한 영혼을 사랑하는 설교를 참 많이 하는 편입니다.

한 영혼을 위하여 천하보다도 귀한 사랑을 주신 주님의 마음으로 애타는 심정으로 설교하는 분들이 많이 계실 줄 믿습니다.

마음속 깊은 곳에서 우러나오는 설교는 성도들의 심령을 움직입니다. 무엇 때문일까요? 주님의 심장 박동을 느끼기 때문입니다. 많은 성도들이 개척교회에서 설교를 듣고 나면 실망한다는 말을 많이 합니다. 왜 그러느냐고 물어보면 본문의 내용과는 달리 지식으로만 설교를 전달해 준다는 것입니다.

저 또한 개인적인 문제, 교회 문제 등을 호소할 때가 많이 있지요. 때로는 필요한 때가 있겠지만 우리 주님이 이 땅에서 사역하신 목적은 오직 영혼에 초점을 두셨습니다.

그래서 영혼 사랑에 대한 이야기를 하게 되면 많은 이들이 듣고파 하며 그 사랑 이야기는 시간가는 줄 모르고 듣고 싶고 또 듣고 싶다고들 하지요. 또한 전도에 관하여 설교를 많이 합니다. 즉, 전도가 영혼 구원이요, 주님이 이 세상에 주신 지상 최대의 명령이기 때문에 천국에서 최고 상급이 보장된다는 것을 주지시키는 것입니다.

그렇게 되면 모든 성도들이 그분의 생각을 알고 그분의 사랑을 알게 됩니다. 거기에다 목회자들이 그분의 행동을 몸소 실천해 나갈 때 성도들은 은혜를 받게 되고 주님의 피의 대가를 실천하기 위해 노력하는 것을 보게 됩니다.

그러므로 한 영혼을 위해 예수님의 마음을 품고 나간다면 은혜가 넘치는 교회, 사랑이 넘치는 교회로 부흥시켜 주실 것입니다.

한 영혼 한 영혼을 사랑하는 예수님의 마음을 실어서
설교를 하면 은혜가 넘치는 교회,
사랑이 넘치는 교회,
전도하는 교회로 변화됩니다.

선교는 부흥의 열쇠

선교가 교회 부흥의 기본 조건에 있어서 크게 차지하는 부분이라는 것을 깨닫게 되었습니다. 그것은 "주는 자가 복 되도다"라는 주님의 말씀을 깨닫는 순간 선교에 대한 열정이 불타올랐던 것입니다.

교회가 물질적으로나 여러 가지 복합적인 문제로 어렵더라도 선교라는 기초 위에서 나아간다면 교회가 더욱더 반석 위에 든든히 세워질 것입니다.

선교는 주님의 명령입니다. 선교는 해도 되고 안 해도 된다는 생각을 가지고 있으면 절대 안 된다고 생각합니다. 역사는 선교로부터 시작되어야 부흥의 기적을 맛볼 수 있습니다.

필자의 교회도 아무리 어려운 시점에서도 선교만큼은 꾸준히 했습니다. 그러기에 개척하면서부터 부흥이 찾아왔다고 봅니다. 선교는 작게라도 시작해야 합니다. 비록 작게 시작하더라도 주님은 그 정성을 보고 역사하시는 것입니다.

선교는 이 땅의 복음화를 위해서라도 꼭 해야 합니다. 많은 교회들이 자기 교회의 부흥만을 위하여 전력을 다하고들 있는 것을 볼 수 있는데, 주님께선 절대로 그러한 것을 원하시지 않음을 알아야 됩니다.

사도행전 1장 8절의 말씀처럼 최선을 다하여 선교 현장을 느껴야 한다고 봅니다.

필자의 교회도 선교를 목표로 하고 처음에는 작게 시작을 하였습니다. 그러나 지금은 주님의 은혜로 하나의

친원선교회 포스터

선교 단체를 이끌어 나가는 축복을 받게 되었습니다.

이 얼마나 감사한 일입니까? "시작이 반이다"라는 말이 있듯이 모든 일에는 처음 시작, 즉 행동으로 옮기는 것이 중요합니다. 첫 발을 내딛어야 다음 발을 내딛을 수 있는 것처럼 최선을 다합시다.

그리하여 주님께서 기억하여 주시고 사랑하여 주시는 교회, 일취월장 부흥하는 교회로 나아갑시다.

Point 20

교회가 물질적이나 여러 가지 복합적인 문제가 있더라도
선교하는 기초 위에 나아간다면
교회가 더욱 더 반석 위에 든든히 세워 질 것입니다.
선교는 주님의 명령이기 때문입니다.

# 전도 분위기

교회는 영혼 생명을 구원하는 것을 지상 최대의 목표로 설정하고 모든 관심을 가져야 합니다. 교회가 영혼 생명에 관심이 없다면 이미 교회로서의 모든 것이 상실되어 버린 것과 같으며 생명력이 없는 죽은 교회가 되어 버립니다.

교회의 역할은 오직 예수의 증인 된 모습을 보여 주는 것입니다. 그러므로 전도하겠다는 마음이 매우 중요합니다. 전도할 때에 놀라운 역사가 지속하여 나타나는 것입니다. 교회는 전도의 분위기가 되어 있어야 합니다.

개척자는 처음부터 오로지 영혼 구원에 관심을 두어야 하는데, 그 이유는 생명 곧 영혼은 살아 움직이기 때문에 복음을 전할 때 성도들이 모이기 시작하는 역사가 일어난다는 것입니다.

교회 부흥을 위하여 계획은 많이 세워 놓고 있으나 그 중에 전도의 계획은 얼마나 되는가요? 전도하지 않고 하루하루 지나가는 것을 주님이 보신다면 얼마나 안타깝게 여기실까요?

필자는 개척을 하면서부터 전도하는 데 모든 시간을 투자했습니다.

오직 전도에 목숨을 걸었던 것입니다. 전도에 소홀하지 않고 전력을 다하면 주님께서 반드시 많은 영혼들을 보내주십니다. 개척해 놓고 전도는 하지 않고, 또 언제 전도지를 만들었는지조차도 모르고 있다면 전도는 하지 않은 것이요, 교회의 분위기조차도 암울해질 것입니다. 교회에다 전도지를 만들어 놓고도 먼지가 수북이 쌓여 있다면 교회 분위기 속에 뿌연 안개가 자욱함을 느끼게 됩니다.

　여러분!

　매일매일 전도지를 들고 세상으로 뛰쳐나가 봅시다. 그러면 세상의 눈은 이렇게 말합니다. "과연 이 교회는 열심히 전도하는 교회이구나." 라고요. 그 때 주님께서 역사하시고 부흥의 불길은 타오를 것입니다.

팝콘 전도후 아이들과 함께

교회의 역할은 오직 예수의 증인 된 모습을 보여 주는 것입니다.
그것은 바로 복음을 전하는 것입니다.
전도 할 때에 놀라운 역사가 지속하여 나타납니다.

전도의 습관화

　전도는 습관적으로 하는 것이 매우 중요하다고 봅니다. 우리는 매일 잠에서 깨어나 습관적으로 세수를 하고, 밥 먹고, 직장인은 직장으로 가고, 학생들은 학교로 등교하듯이 전도를 습관화하여야 합니다.

　필자가 성도들에게 전도의 사명을 전도할 때에는 처음부터 무리한 것을 요구하지 않았습니다. 그냥 매일매일 전도지를 들고 나가서 5장만 돌리라고 합니다. 사람들에게 전하든지 대문에 꽂아두든지 혹은 세상 사람들의 눈에 잘 띄는 곳에 놓아두든지 하루도 빠지지 말고 습관적으로 하라고 합니다. 한 달이면 150장이요, 1년이면 1,800장의 전도지를 전할 수 있으니 이 또한 무시할 수 없는 것이 아니겠냐고 권합니다.

　작은 시작을 습관적으로 하다보면 크나큰 결실을 하나님께서 반드시 허락해 주신다는 것입니다. 작은 것부터 실천으로 옮깁시다. 세상에 부딪치며 실천할 수 있도록 이끌어 준다면 그 중에서 꼭 전도자가 나오게 되어 있습니다. 또한 전도는 지속적이어야 하기 때문에 습관에서 나오는 훈련이 매우 중요합니다. 필자의 교회는 전도에 대하여 많은 시간을 투자합니다. 예배 때마다 설교의 견론을 꼭 영혼 살리는 말씀으로 결론을 맺습니다.

　필자 또한 습관을 좇아 실천하기위해서 매일매일 시간을 내어 꼭 전도를 합니다. 그것 또한 성도들의 전도 열정을 불태우는 데 큰 몫을 한다고 생각합니다. 전도의 습관만 잘 익혀둔다면 그 습관 때문에 하루도 전도를 하지 않으면 견디지 못합니다. 전도는 특정인이 하는 것이 아닙니다. 예수님처럼 습관적으로 세상 밖으로 나가서 죽어가는 많은 영혼을 주님 품에 안겨드립시다. 그것이 바로 우리 주님을 기쁘게 하는 일이 아니겠습니까?

여러분! 전도를 습관화하여 지금 당장 세상 밖으로 뛰쳐나갑시다.

Point 22

전도는 우리가 매일 잠에서 깨어나 습관적으로 세수하고 밥 먹듯이
습관적으로, 지속적으로 할 때 주님께서 예비 된 백성들을 보내주신다.

전도의 노하우

전도는 하면 할수록 전도의 노하우가 생기게 됩니다. 처음에는 두렵고 망설이던 자신이 밖으로 나가서 전도를 하게 되면 자기도 모르는 사이에 전도의 노하우가 생겨 쉽게 말문이 열리고 사람과 접촉을 해도 두려움이 생기지 않고 담대해집니다.

계속해서 끊임없이 전도하게 되면 전도에 재미를 느끼게 됩니다. 전도의 노하우는 다른 것이 아니라 무조건 나가면 된다는 생각 그 자체입니다.

필자의 교회는 처음 전도지를 들고 나가서 사람들에게 전달하기 어려우면 가가호호 돌게 합니다. 우체통, 집문 틈에라도 꽂아두라고 가르칩니다. 이렇게만 하여도 전도의 노하우가 생기게 되며, 사람들을 만나면 자연스럽게 전도지를 주면서 말문이 열리게 되는 것이죠.

어떤 경우에라도 전도를 위해서라면 가만히 앉아있지 말고 악의 영을 물리칠 수 있는 힘과 능력으로 무장하고 나가서 끊임없이 전진 또 전진할 때 한 영혼 한 영혼을 구원할 수 있다는 것입니다. 그 가운데 전도의 노하우는 저절로 생기게 되며 주님의 능력이 함께하실 것입니다.

두려움을 버리세요.

많은 전도자들의 간증을 들어보면 대동소이합니다. 그것은 방법 자체가 좀 다르지만 과정은 똑같다는 것을 알 수 있습니다. 한 예를 보면, 야구 선수가 처음부터 홈런을 치는 것은 아닙니다. 매일같이 연습을 하니까 요령도 생기고 상대방의 공을 홈런으로 연결시킬 수 있는 것입니다. 전도도 마찬가지입니다. 계속하다보면 자연히 전도의 능력이 생기게 됩니

다. 필자도 쉬지 않고 매일매일 전도를 하다 보니 전도 강사가 되었습니다. 우리 모두 매일매일 쉬지 않고 전도합시다. 그리하면 성령님이 함께 해주시고 전도의 능력과 지혜, 담대함이 생기게 될 것입니다. 그것이 바로 전도의 노하우가 아닐까요?

Point 23

전도에는 특별한 노하우가 없습니다.
두려움 없이 담대함으로 무조건 세상 밖으로 나가서 전하기만 하면
각자 개인에게 맞는 노하우는 저절로 생기게 마련입니다.

전도 초소의 능력

필자는 교회 가까운 곳에 오직 전도만을 위한 아름다운 전도 초소를 설치하여 운영하고 있습니다. 그 초소에서는 어린이부터 어른, 노약자, 술꾼 등 수많은 영혼을 만날 수가 있는데, 더 좋은 점은 주민들에게 친밀하게 다가갈 수가 있고 따뜻한 차 한 잔으로 쉬어가면서 속마음을 털어놓고 가는 곳이 되었다는 것입니다.

주님이 베드로에게 사람을 낚는 어부가 되라고 말씀하셨던 것처럼 전도 초소가 영혼 낚시터가 된 것이죠. 교회 안으로 들어오기에는 쉽지 않지만 이 초소만큼은 봄, 여름, 가을, 겨울 할 것 없이 일 년 사시사철 지나는 이들에게 쉽게 말을 건넬 수 있고 복음을 전할 수 있기에 너무나 감사합니다. 그런 이유로 이 초소가 크나큰 역할을 감당하고 잇는데, 여름에는 팥빙수, 냉커피와 녹차로, 봄, 가을에는 떡볶이, 겨울에는 호떡과 생강차를 무료로 제공하니, 그냥 거절하지 못하고 받아가면서 한 번은 가벼운 인사로, 두 번은 앉아서, 세 번은 가정 형편 및 삶의 이야기를 나누는 터전이 되어 사랑방처럼 따뜻한 대화가 꽃피고 있습니다.

그렇게 자연스런 대화 속에서 현재의 마음 상태나 믿음 생활을 하다가 실족되었는지 새로 이사를 왔는지, 직장으로 인하여 문제가 있다든지 등에 대하여 대화하다 보면 친숙하고 손쉽게 인간관계도 맺어지게 되더라는 것입니다.

이렇듯 1년 365일 전도 초소를 잘 활용하여 봅시다. 덥다고 춥다고 비 온다고 밖으로 나가지 않으면 언제 영혼들을 만나겠습니까? 어떠한 환경에서도 주를 위하여 우리들이 해야 할 일, 영혼 구원 사업에 적극 나서봅시다. 그것을 보시고 매 주마다 주님께서는 새로운 성도들을 보내주신다는 것입니다. 우리가 전하지 않으면 누가 전하겠습니까?

영혼 구원을 간절히 바라시는 우리 주님의 모습을 떠올리며 지금 당장 세상 밖으로 나갑시다. 그곳에는 구원을 기다리는 영혼이 수없이 많이 있습니다.

전도 초소에서 화이팅을 외치는 온제자교회 성도들

Point 24

전도 초소는 간단한 음료나 음식을 대접하여 지역 주민과
자연스런 대화를 이끌어 내면서 다가갈 수 있어서
매우 중요한 역할을 감당합니다.

지역을 갈아엎어 주님의 성도로

오직 십자가의 사랑으로 우리가 구속의 은총을 받았으니 그 은혜를 어찌 다 갚으리요! 늘 기도하고 찬양합니다. 그러나 정작 그 은혜를 갚는 길은 무엇일까요? 지옥 가는 영혼을 주님께 인도하는 것 아닐까요? 필자가 간절히 원하며 주님께 간구하는 것은 가가호호 교패가 붙여지는 그 날까지 목숨을 다하여 전도하는 것입니다. 모든 믿는 자들의 마음도 마찬가지라고 믿습니다.

전도를 나가서 가가호호 방문을 하다보면 개신교 교패도 많지만 요즘은 별별 다른 교패가 붙어 있는 것을 많이 보게 됩니다. 여러분도 발견하였으리라 믿는데 그 때는 어떻게 하십니까?

그냥 지나쳐 버린다든지 아니면 전도지를 꽂지 않고 그냥 포기해 버리지는 않습니까?

안 됩니다. 그냥 지나치지 마세요. 전도지를 넣으며 기도하고 보혈의 공로로 마귀를 완전히 박멸시켜야 합니다. 그곳에 개신교 교패가 붙여져야 합니다.

마음은 있는데 못 하겠다고 하는 분들도 가끔 볼 수 있습니다. 주저하지 마시고 주님의 심장, 그 심장을 가슴에 품고 강하고 담대히 나아갑시다. 전도하면서 가가호호 돌고 또 돕시다. 믿음의 여리고를 말입니다.

필자는 무당 집 앞에서 전도차를 주차해 놓고 전도를 합니다.

찬양을 틀어놓고 "예수 믿고 천국 갑시다."라고 외치며 팝콘을 손에 공손히 들려주면 그 무당은 "네."하고 받아갑니다.

그러면 누가 그렇게 받아가게 했다고 생각하십니까? 그것은 성령님이 그 무당을 만져주셨기 때문에 가능한 일이었습니다. 그러면 과연 내가 전도할 날이 얼마나 남았다고 생각하십니까? 육이 죽고 나면 모든 것이 끝인데 왜 망설이고 주저앉아 두려워 떨고만 있습니까?

때는 지금이라는 확고한 신념으로 세상 밖으로 뛰쳐나가 가가호호 주님의 십자가를 붙이는 그 날까지 사력을 다하여 전도합시다.

Point 25

지역의 가가호호 한집도 빠짐없이 방문합시다.
주님의 심장, 그 심장을 가슴에 품고 강하고 담대하게 나아갑시다.
믿음의 여리고를 말입니다.

현수막이 전도자

누구든지 교회를 알리고자 하는 마음은 간절합니다. 그러나 많은 사람들은 망설이거나 어떠한 방법으로 알려야 할지 몰라 막연히 바라만 보는 경우가 종종 있습니다. 방법은 여러 가지가 있지만 필자는 교회가 현 상태에서 먼저 할 수 있는 것부터 생각해보고 최선의 노력을 다합니다.

가장 먼저 필자의 교회는 교회 외부 벽을 이용하는 데 착안하여 현수막을 설치하였더니 의외로 많은 사람들이 현수막을 보고 교회 안으로 들어왔습니다.

비록 간판은 보잘 것 없었지만, 현수막을 이용하였더니 현수막의 내용을 읽고 들어가서 기도하고 싶다는 충동이 저절로 일어나더라는 이야기를 많이 듣고 현수막의 효과가 매우 크다는 것을 느낄 수 있었습니다.

그 현수막의 내용은 "오직 예수 십자가만 자랑하는 교회, 매일 밤 9시 야베스 기도회, 새벽 5시 기도회에 여러분을 초청합니다."라고 새겨놓

았는데, 섬기는 교회가 멀어 저녁과 새벽에 기도하러 가기에 힘든 성도들이 때론 갈급함을 채우고자 하는 많은 성도들이저희 교회를 찾고 있습니다. 뜨거운 찬양과 기도가 있기에 교파를 초월하신 하나님 오직 그 한 분만을 위하여 찬양하고 주를 위해 기도하니 교단 다른 것이 무슨 문제가 있겠습니까?

영이 회복되고 감사 은혜의 삶을 살게 되면 더욱 감사가 아니겠습니까? 또한 적은 물질을 투자하여 많은 사람들에게 알려진다면 주님께 영광이 되지 않을까요? 가끔 내용을 바꾼다든지 같은 내용이라도 현수막을 새롭게 제작하여 깔끔하게 바꾸어 준다면 더욱 살아서 역사하는 느낌을 주는 현수막과 교회가 되지 않을까요?

교회 행사가 있을 때도 교회의 가까운 곳이나 많은 사람들이 오고가는 길목에 현수막을 설치하면 교회를 알리는 데 매우 큰 역할을 할 수 있음을 알 수 있습니다.

단순하면서도 깔끔한 현수막을 제작하여 교회를 알려 봅시다. 그것을 통해서 돌아오는 영혼이 분명히 있음을 알 수 있을 것입니다.

Point 26

교회의 가까운 곳이나 많은 사람들이 오고가는 길목에 현수막을 설치하면
교회를 알리는 데 큰 역할을 하며 그것을 통해
성도들이 몰려오는 것을 느끼게 될 것입니다.

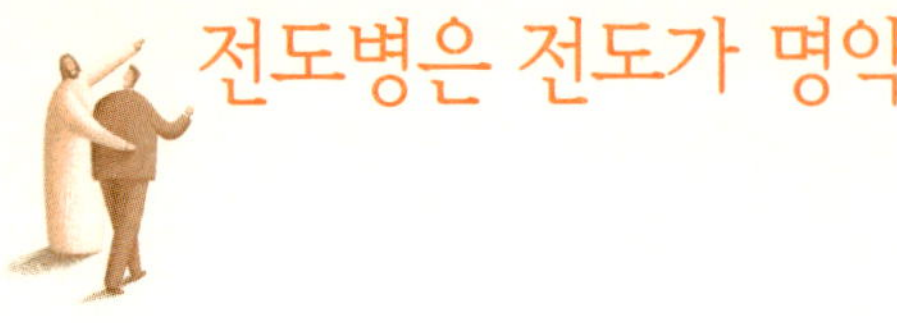

전도병은 전도가 명약

　주님께서 갈릴리 바닷가에서 제자들을 부르신 목적에는 "앞으로 너희는 사람을 낚는 어부가 되라"는 뜻이 내포되어 있다는 것은 누구나 분명히 알고 있으며, 처음부터 부름에 관한 절대적 명령이었다는 것도 알고 있습니다. 그것은 주님의 지상 최대의 목적이자 계획이었습니다.

　그러면 하나님의 관심은 무엇인가? 그것은 바로 영혼 생명을 살리는 구령의 계획이며 성도들에게도 마찬가지라는 것입니다. 필자가 많은 성도들의 삶에 대한 문제들을 상담한 결과 그 원인은 전도병으로 인하여 발생한 것이라는 것을 알 수 있었습니다. 그러니까 전도를 하지 않아서 때론 영혼을 외면하면서부터 앞길이 막혔고 병들었으며 모든 문제들도 이런 전도병에 의하여 야기되었다는 것입니다.

　그러므로 어떤 문제도, 어떤 병도, 앞길도 전도 안에서만 해결 받고 축복 받는다는 사실입니다. 우리가 전도할 때 주님은 우리의 모든 문제들을 해결해 주신다는 것입니다. 특히 모든 교회에 성도가 없다고 좌절하지 마시고 무조건 전도! 전도를 해 봅시다.

　그럴 때 교회 부흥의 비밀을 알게 해 주시고 거기에 더 좋은 계획을 준비해 주실 것입니다. 반드시 태산 같은 문제일지라도 그 문제를 아시는 주님이 우리의 모든 문제를 무관심으로 일관치 않으시고 전도하면 풀어 주신다는 것입니다.

그러므로 전도병에 걸리지 않기를 부탁드립니다. 교회의 풍토와 관습 및 어느 누구 특정인만 전도한다는 인식을 벗어버리고 목사님부터 전 성도에 이르기까지 전도가 생활화 되고 습관화 되어야 합니다.

아무리 악하고 마음의 문이 닫힌 자라도 최후의 순간에 말씀이 들어가고 회개의 영이 타오르게 하는 것은 오직 전도뿐이라는 것을 항상 명심하고, 주님이 우리에게 허락하신 최대의 선물은 능력과 그로 인한 권세와 축복이라는 것을 마음 판에 새기며 나아갑시다.

신앙 상담을 하고 있는 저자

Point 27

지역을 위해 봉사하라

필자는 많은 교회를 방문해 보았습니다.

부흥이 되지 않는 교회들은 대부분 전도에 관심이 없었습니다. 전도를 하면 부흥된다는 것을 모두 알고 있으나 실천이 없었다는 것입니다. 전도는 그저 막연하게 어렵다고만 생각하기 때문입니다.

전도는 누구나 손쉽게 부담 없이 시작하면 되는 것입니다. 그래서 필자는 많은 목회자들과 성도들에게 전도 방법을 가르쳐 주면 쉽게 전도를 시작하는 것을 보았습니다.

첫째, 어려운 교회는 몸으로 뛰어라. 지역의 청소부터 시작하면 되는데 지역에 있는 휴지, 담배꽁초 및 비닐과 쓰레기 등을 하나하나 깨끗하게 청소하는 것입니다. 그것이 곧 전도의 초석이 됩니다. 그리고 넓은 지역을 청소하는 것보다 교회 주위를 날마다 청소하는 것만 보여 주어도 일단 큰 호응을 얻게 됩니다. 지나가는 사람들 역시 "좋은 일 하시네요" 하며 격려를 해 줍니다.

둘째, 교회 앞이나 가까운 곳에서 겨울에는 뜨거운 차 한 잔, 여름에는 시원한 차 한 잔을 지역 사람들에게 대접해 보세요. 사람들과 대화하는 시간을 많이 가질 수 있습니다. 이것이 바로 전도입니다. 전도는 어렵다고 생각하면 할수록 어렵게 느껴지고, 아주 쉽다고 생각하면 매우 쉽게 여겨집니다. 또한 기쁨이 넘쳐납니다. 세상의 수많은 영혼을 주께로 돌릴 수 있는 기회가 되니까요.

기도하고 전도하면 정말 놀라운 부흥이 보장된다는 것을 알고도 우리는 전도 그 자체에 겁부터 내기 때문에 어렵게 느껴질 뿐입니다.

결론적으로 말씀드리자면 살아서 움직이지 않는 교회는 결코 부흥을 맞이할 수 없습니다. 몸과 발로 뜁시다. 그것만이 부흥의 불꽃을 타오르게 하는 원천이요, 사명이 아니겠습니까?

Point 28

살아서 움직이지 않는 교회는 부흥을 맛 볼 수 없습니다.
물질이 풍족하지 않으면 동네 청소나
간단한 차 한 잔의 대접 등으로 몸과 발로 봉사합시다.
그것이 바로 부흥의 작은 불씨가 되어 줄 것입니다.

일꾼을 세워라

개척교회일 수록 일꾼이 매우 부족함을 알 수 있습니다. 그러므로 그때그때 교회 일꾼을 세워야 합니다. 성도들이 등록하는 대로 개인 개인에게 적절한 직분을 부여하는 것이 아주 좋은 방법입니다.

필자의 교회는 모든 성도가 참여할 수 있도록 위원장 제도를 채택하고 있습니다. 누구에게나 달란트가 있기 마련인데, 성도들의 소질과 특기를 감안하여 직분을 부여하면 모든 성도가 신앙생활에 더욱더 활기를 찾으며 직분에 대한 소중함과 책임감을 갖게 되는 것을 보게 됩니다.

위원장의 종류를 보면 재정위원장, 건축위원장, 전도위원장, 안내위원장, 선교위원장, 환경위원장, 봉사위원장, 차량위원장, 기도위원장, 구제위원장, 새신자교육위원장, 교회관리위원장이 있으며 위원장 아래에 위원들이 있습니다. 환경위원회에서는 교회 환경을 꾸미는 일을 맡고, 차량위원회는 차량관리만 하며, 교회관리위원회는 교회 관리, 예배위원회는 예배의 모든 것을 맡고, 기도위원회는 모든 기도회를 구제위원회는 구제 사업, 봉사위원회는 봉사에 관계 되는 일, 새신자교육위원회는 새 신자가 등록하면 교육 및 관리를 맡아 일을 처리함으로써 각 위원회가 일사불란하게 모든 일을 처리하는 것을 보게 됩니다.

이 모든 것이 선을 이루는 것이요, 아름답게 주의 일들이 진행됨을 알수가 있었습니다. 결론적으로 일꾼을 세워 놓으니까 부흥에 가속이 붙게 되고 하나님 나라의 확장에도 크게 기여함을 알 수가 있었습니다. 특히 개척교회는 성도 한 사람 한 사람이 다 일꾼이기 때문에 누구나 할 것 없이 소중한 분들입니다.

목사 혼자 모든 일을 감당하려고 하면 힘이 들지만 모두가 나누어서 진행하면 능률적이고 활기가 넘쳐나게 마련입니다. 성도가 없으면 목사님이 전도위원장을 맡고 사모는 위원을 맡으면 되는 것입니다.

또 한 가지는 교회에서 직분을 줄 때 반드시 위임장을 수여해야 한다는 것도 잊어서는 안 됩니다. 왜냐하면 직분에 대한 소중함고 책임감이 배가 되기 때문입니다.

개척 교회는 성도 한 사람 한 사람이 모두 다 소중한 일꾼입니다.
그러므로 개개인의 특기를 살려 위원장 제도를 세워 진행하면
능률적이고 활기가 넘쳐나게 될 것입니다.

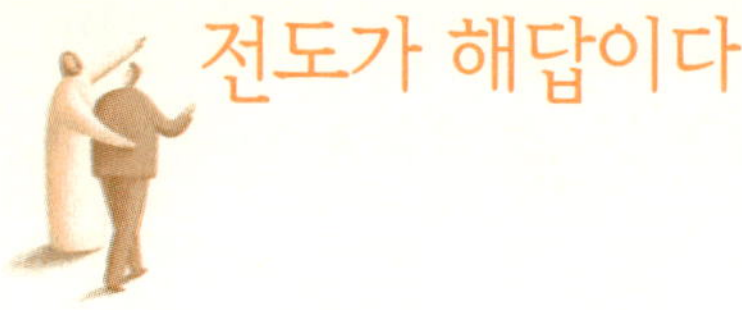# 전도가 해답이다

필자의 교회는 참으로 어렵게 세워진 교회입니다. 교회를 개척할 때 우스운 일이지만 물질이 너무 부족하여 곰팡이가 온통 뒤범벅이 된 지하에서 개척을 하였습니다.

퀴퀴한 냄새가 코를 찌르는 것은 말할 것도 없고 간판 걸 돈도 없어 현수막만을 걸어 놓을 정도였습니다. 그것도 익명의 어느 한 분이 걸어 주신 것이었습니다. 그래도 그것이 얼마나 감사하던지 눈물이 흘러 내렸습니다.

그런 세월이 벌써 4년이 되었습니다. 그동안 주님의 축복을 받아 지금은 아주 부자 교회가 된 것 같습니다. 그 축복의 비결은 '오직 전도'에 있었고, 부흥의 해답이 되었습니다. 기도 시간 외에는 무조건 밖으로 나가 전도에 목숨을 걸었습니다.

교회 주위부터 순차적으로 지역을 확대해 나가며 늘 복음지 전하는 일에 최선을 다하였더니 주님께서 강권적으로 인도하여 주시고 성전을 채워 주시는 은혜를 베풀어 주셨습니다. 오직 기도와 전도에만 사력을 다하였기에 교회 안에서는 성령의 불길이 활활 타오름을 느낄 수가 있었습니다.

주님을 시험치 아니하고 늘 주님께 향하는 마음으로, 영혼 생명 사랑으로 전진 또 전진하니 주일만 되면 인근 각 처에서 이 지하 교회를 찾아오는 역사가 일어났습니다. 오직 감격과 감사만이 있을 뿐이었습니다. 이제는 더 넓은 곳으로 성전을 이전해야만 하는 필요성을 느끼는 역사를 체험하게 되었습니다. 전도하는 것만이 살 길이요, 주님의 관심사이기에 필자 또한 매일매일 전도를 최우선으로 실천하는 것입니다.

그래서 한국 최초일까? 교회에서 전도차를 만들어서 방방곡곡 다니면서 주님의 복음을 전하게 되었습니다. 처음에는 생각지도 못했는데 복음 전하는 일에 게으르지 않았더니 전도차라는 비전을 제시해 주셨고 행하시면 이루어 주신 것입니다.

얼마 전 어느 원로 목사님께서 "전도하면 반드시 부흥 된다"고 말씀하셨습니다. 오직 전도만이 해답이니 모든 교회가 전도에 관심을 가집시다. 처음에는 미약하지만 끝은 창대케 하시고 한 영혼을 지극히 사랑하시는 주님께서 전도하는 자를 기억해 주신다는 것을 명심합시다.

Point 30

교회 부흥의 비결은 기도하고
무조건 밖으로 나가 전도에 목숨을 거는 것입니다.
그것을 보시고 주님께서 기억하여 주시고
부흥의 역사를 허락하여 주실 것입니다.

눈 높이 전도지

  필자의 교회는 매달 전도지를 제작하는데, 제작할 때마다 내용에 변화를 주어 새롭게 제작을 합니다. 그럼으로써 항상 새롭고 변화된 복음지를 전달할 수 있었고 또한 큰 효과를 얻을 수 있었습니다. 그러므로 '새롭고 변화된 복음지' 그것이 바로 필자의 교회에서 가장 귀하게 여기고 비중을 두고 있는 한 부분이 되었습니다.

  매달 복음지를 만들 때마다 "어떤 내용을 담아야 세상 사람들이 관심 있게 보게 될까? 또 감동의 은혜를 받아 주님 앞에 돌아올 수 있을까"하고 고심한 결과 복음지를 만든 지 10년 만에 깨달은 것이 있다면 세상의 눈높이에 맞추어 전도지를 제작해야 한다는 것입니다.

  세상의 눈높이에 맞추지 않아서 복음지를 외면하고 쓰레기통이나 길바닥에 버리는 경우가 많다는 것입니다. 그러나 필자는 복음지를 전달하였을 때 우리 교회의 전도지는 별로 버려지지 않는다는 것입니다. 그 이유는 세상의 눈높이에 맞춘 복음지라는 것입니다. 즉, 호기심을 자극하여 한 번쯤은 읽어 보게 만든다는 것입니다. 일반적으로 고정관념에 사로잡혀 복음지를 만들기 때문에 세상 사람들에게 외면당하고 있다는 것입니다. 그러므로 세상 속으로 들어가려면 전도지 제작에 대한 지혜가 한 단계 더 업그레이드되어야 하겠습니다.

왜 하나님을 믿어야 하는지, 궁금증을 먼저 풀어 주어야 하지 않을까요? 무작정 주 예수를 믿으라는 제목 아래 이야기 형식으로 제작하는 전도지에서 탈피하여 세상 사람들 마음에 직접 파고들 수 있는 복음지, 즉 호기심을 자극하고 궁금증을 불러일으키는 눈높이 전도지를 제작하여 전달하면 어떨까요?

Point 31

세상의 눈높이에 맞춘 복음지,
즉 호기심을 자극하여 한번쯤은 읽어보게 만든다는 것입니다.
일반적인 고정관념에 사로잡혀 복음지를 만들지 말고
한 단계 업그레이드된 복음지를 제작하여 봅시다.

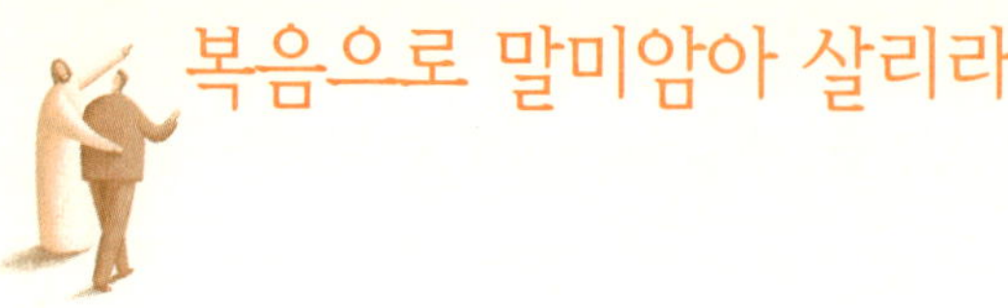

복음으로 말미암아 살리라

전도는 주님의 지상 최대의 명령입니다. 고린도전서 9장 14절의 말씀처럼 "주께서도 복음 전하는 자들이 복음으로 말미암아 살리라 명하셨느니라"라고 말씀하셨습니다.

전도하는 교회는 전도로 말미암아 반드시 살아 숨쉬며 부흥하게 되어 있습니다. 전도는 죽음에서 생명으로 옮기는 축복의 역사가 있기 때문입니다.

필자의 교회가 4년 전 전도지를 시작할 때는 인근 지역의 교회들이 아무런 반응이 없어 잠잠하였습니다. 그런데 저희 교회가 성장하고 부흥하고 지역을 장악할 때쯤 되어서 여기저기에서 교회들이 전도에 불을 지피게 되었습니다.

여기서 한 가지 결론을 내리게 되었습니다. 지역에서 어느 교회가 복음을 위해 사느냐에 따라서 지역의 큰 역할을 할 수도 있고 아니할 수도 있다는 것을 알게 되었습니다. 그리하여 사력을 다하여 영혼 생명을 구원하는 전도에 열중하다보니 지역에 어둠의 영혼들도 다 떠나게 되고, 현재는 매주 등록자가 있고 새 신자들이 교회에 들어오는 것을 볼 수 있습니다. 복음을 전하면 그 수고를 보시고 절대 외면치 않으시는 우리 주님이 성도를 늘 보내 주신 것을 알 수 있습니다. 우리는 그 역사하시는 그 분이 곁에 계시기에 세상 속에서 빛을 발할 수 있다는 것은 복음의 기쁜 소식밖에는 없음을….

복음은 반드시 세상에 빛을 나눌 수 있습니다. 복음은 세상과 싸워서 담대히 이길 수 있습니다. 복음은 가장 위대하기 때문입니다. 전도하는 교회는 희망의 등불을 밝히는 것과도 같습니다. 복음의 횃불을 높이 들고 나가서 복음을 전하여 봅시다. 결정적인 것은 크나큰 주님의 사랑을 가지고 승리하는 것입니다. 그리고 계속 전진하는 것입니다. 어떠한 방법이든지 복음은 전해져야 하니까요. 그리하면 반드시 좋은 결과를 기대할 수 있다는 것입니다.

여러분!

부흥의 약속을 믿고 오늘도 복음 들고 세상을 향하여 달려 나갑시다.

복음은 반드시 세상에 빛을 나누어 줍니다.
복음은 세상과 싸워서 담대히 이길 수 있습니다.
복음은 가장 위대하기 때문입니다.
복음을 전할 때 성도도 살고, 교회도 살아나는 역사가 일어날 것입니다.

# 전도의 불씨를 살려라

전도의 불씨를 살려야 교회가 이 땅에서 온전히 사명을 다할 수 있습니다. 오직 전도의 불씨가 꺼지지 않고 지속되어야 하는 이유는 끊임없이 복음을 전하는 전도자만이 승리할 수 있고 열매를 맺을 수 있다는 것입니다.

냄비에 물을 끓이려면 반드시 불씨가 있어야 하듯이 전도도 마찬가지입니다. 불씨는 아주 작지만 크게 번져 나갑니다. 작은 불씨는 처음에 지피지기가 어렵지만 한 번 타오르기 시작하면 반은 승리한 것이나 마찬가지입니다.

많은 교회의 목회자 분들이 전도 자체를 막연히 겁부터 내고 실행에 옮기지 않는 경향이 많이 있는데, 전도 그 자체를 쉽다고 생각하면 되는 것입니다. 그러면 지금 당장 할 수 있는 방법부터 시행해 봅시다.

교회 앞에서 지나가는 사람들에게 차 한 잔과 복음지를 나누어 주는 것부터 시작하면 그것이 바로 전도요, 복음입니다. 전도를 어렵게만 생각하고 주저앉아 있으면 좋은 시간 다 낭비하고 맙니다. 필자가 전도 세미나를 인도하면서 느낀 부분은 전도를 겁부터 내고 차일피일 미루다보면 전도하고는 영원히 멀어져 버린다는 것입니다.

우물을 파려면 먼저 위치를 정해야 하듯이 우리가 전도해야 할 대상과 목표를 선정해야 합니다. 복잡하게 생각하지 맙시다.

단순한 전도법이 바로 가장 좋은 전도입니다. 말을 잘하지 못하면 못하는 대로 나가서 전하면 되는 것입니다.

전도는 성인만 대상으로 하는 것으로 여기는 경향이 많이 있는데 꼭 그렇지만은 않습니다. 전도 대상자는 남녀노소 구별이 없습니다.

작은 씨앗이 나중에는 많은 열매를 맺지 않습니까? 특히 우리나라 교회의 80% 정도가 미자립교회라고 합니다. 이미 자립교회들이 오직 전도에만 매달리면 부흥에 부흥의 기쁨을 맛볼 수 있습니다. 결론적으로 전도하지 않으면 부흥을 기대할 수 없으므로 오직 전도에만 더욱더 많은 관심을 가지고 매진 또 매진하여 봅시다. 그럴 때 주님께서 많은 영혼을 보내 주시고 교회의 부흥을 허락하시고 역사하여 주실 것입니다.

여러분!

전도의 불씨를 살립시다.

Point 33

전도의 불씨가 꺼지지 않아야 승리 할 수 있고 열매를 맺을 수 있습니다.
또한, 그럴 때 주님께서 많은 영혼을 보내 주시고
교회 부흥의 기적의 역사가 일어날 것입니다.

부흥을 갈망하라

　필자는 언제 어디서나 부흥을 갈망하지 않은 적이 없으며, 어떻게 하든지 영혼을 주님께로 인도하고픈 마음이 매일같이 불길같이 솟아오릅니다. 부흥은 갈망하는 곳에 찾아옵니다.

　오순절 마가의 다락방에 성령이 불같이 임하고 부흥이 찾아온 것은 누구나 아는 사실입니다. 그것은 오직 성령의 역사로 이루어진 것입니다. 한 자리에 모여 부흥을 갈망했던 것입니다. 열심히 기도하고 열심히 전도했던 결과인 것입니다. 부흥을 갈망합시다. 부흥을 간절히 소망할 때 부흥의 역사가 일어나는 것입니다. 필자는 두 가지 방법을 가지고 최선을 다하여 목회를 하고 있습니다. 어떠한 상황과 경우가 닥칠지라도 기도와 전도를 쉬지 않으며 매일매일 부흥을 갈망하고 추구할 때 부흥

CCMM빌딩에서 부흥 세미나를 하고 있는 모습

은 찾아온다는 확신을 가지는 것입니다. 목회자가 1년이 가도 2년이 가도 전도 한 번 해 보지 않으신 분들이 많은 것으로 압니다. 특히 목회자 자신부터가 전혀 전도에 관심조차 갖지 않으신 분들이 많이 있는 것 같은데, 사실 교회가 부흥되기를 간절히 바란다면 바로 전도해야 하지 않을까요? 진정 교회의 부흥을 원한다면 지금 바로 자리를 박차고 나가서 복음을 증거합시다. 필자도 전도지를 들고 복음을 증거하며 여기저기 헤매고 다닐 때 가장 크게 부흥이 되었습니다.

부흥은 갈망입니다. 몸부림치고 갈망하며 복음의 나팔을 불 때 부흥의 큰 파도가 밀려오는 것은 당연한 결과인 것입니다.

영혼 생명 사랑 때문에 울며 기도하고 영혼 생명 사랑 때문에 전도에 미쳐봅시다. 우리 모두 성령의 인도하심에 따라 부흥을 갈망하고 전도에 미쳐봅시다. 지금 당장 복음을 들고 세상 밖으로 뛰쳐나갑시다. 그 순간 교회의 부흥은 약속된 것입니다.

여러분!

실망하고 주저앉아 있지 마시고 힘을 냅시다.

Point 34

어떠한 상황과 경우가 닥칠지라도 기도와 전도를 쉬지 않으며 매일매일 부흥을 갈망하고 추구할 때, 부흥은 찾아온다는 확신을 가집시다.

전도 세일즈맨

　필자는 보험 세일즈맨들의 투철한 영업 정신을 보고 너무나 놀랐습니다. 왜냐하면 그들은 세상의 상품을 판매하는 세일즈맨인데도 불구하고 밤낮없이 목숨 걸고 뛰어다니는 것이었습니다. 그렇다면 영혼 구원을 위해 살아가는 주님의 자녀인 저희들은 과연 어떠한 삶을 살아갑니까? 많은 분들이 이렇게 말을 합니다. "그들은 먹고 살려고 뛰어 다닌다"고 말입니다. 그러나 성경에는 분명히 먹고 마시는 것은 이방인이 찾는 것이라고 하였으니 "그 나라 그 의를 구하라 그리하면 그 외의 것을 더하여 주리라"고 말하고 있습니다. 그러므로 우리는 천국의 세일즈맨이라는 자부심을 가지고 영혼을 사랑하는 마음으로 세상으로 뛰쳐나간다면 이 땅에서 보장받고 하늘에서도 보장받는 놀라운 사실을 알게 될 것입니다. 또한 이미 천국 백성임을 느끼게 될 것입니다.

　우리 모두 예수 세일즈맨이 됩시다. 많은 영혼을 지옥으로 가게 할 수는 없습니다. 우리가 앞장서서 사망에서 생명으로 인도합시다. 보험에 가입시키듯 예수님께 가입만 시키면 그 다음은 주님이 역사하실 것입니다. 교회에 일꾼이 없다고들 하는데, 없으면 없는 대로 지금 이 글을 읽는 분부터 시작하면 되는 것입니다.

　예수 세일즈맨의 자부심을 가지고 시작만 하면 성령님이 함께하시고 천군천사가 도와주실 것입니다.

주님은 전도하는 자를 최고로 여기시며 기뻐하신다는 것을 우리 모두가 잘 알고 계실 것입니다. 그럼에도 불구하고 전도에 태만하겠습니까? 지금 당장 전도지 한 장이라도 들고 세상에 나가서 우리 주님의 복음을 세일합시다. 그리고 크게 자랑만 합시다.

간단명료하지만 그 속에 큰 능력이 있습니다. 처음에는 전도지를 주기만 하게요. 그 다음엔 말을 하게 될 것이고 자랑하게 될 것입니다. 그렇게 하다 보면 성령님이 강권적으로 인도하셔서 숙달되고 전도에 자신이 붙게 됩니다.

열매를 급하게 수확하려고 하지 마시고 씨만 뿌리세요. 언젠가는 그 씨앗 속에서 싹이 나오게 되어 있습니다.

처음부터 전도를 잘 하는 사람은 없습니다. 불철주야 전도에 임하다 보면 성령님이 역사하심을 깨닫게 될 것입니다.

우리 모두 복음의 세일즈맨이 됩시다.

Point 35

우리 모두 예수 세일즈맨이 됩시다.
많은 영혼을 지옥에 가도록 할 수는 없습니다.
보험에 가입시키듯 예수님께 가입만 시키면
그 다음은 주님께서 역사하실 것입니다.

지속적인 전도

전도는 지속해서 해야만 열매를 맺을 수 있습니다. 내 집 앞을 깨끗하게 치우는 것, 즉 작은 일부터 시작하는 것처럼 주위부터 복음의 불을 지펴 나간다면 지역이 살아나고 더 나아가 한국 교회가 살아나며 세계의 교회가 뜨겁게 살아나는 것입니다.

언제까지 전도를 해야 하냐고 질문하시는 분이 계시는데 저는 이렇게 대답합니다. 지속적이며 끝까지 하라고 대답합니다.

왜냐하면 우리가 이 땅에서 영혼을 위해 울며 씨앗을 뿌리는 날과 시간을 따져보면 그리 많지 않습니다. 한 영혼을 주님께 인도하는 것은 나 혼자만의 힘으로는 무척이나 어렵습니다. 그러나 우리 주님이 동행하시면 매우 쉽고도 간단합니다. 지속적인 전도가 꾸준히 이어질 때 어느 날부터 아주 쉽게 열매가 맺어지는 것을 경험하실 것입니다. 영혼을 사랑하는 간절한 마음으로 전도하면 그 분께서 그 수고와 희생의 땀을 보시고 영혼을 보내 주시는 것입니다.

필자의 교회는 지역을 떠나서도 전도를 합니다. 매달 마지막 주에는 미자립교회나 개척교회, 개척은 하였지만 전도하는 방법을 몰라서 망설이는 교회에 전도 지원을 해 주는데 매우 하기 쉬운 전도법을 가르쳐주고 돌아옵니다.

특히 앞으로 지역에서 전도할 수 있는 방법들을 선정해 줍니다. 이를 테면 차 전도법, 호떡 전도법, 팝콘 전도법, 팥빙수 전도법, 전도지 전도법 등을 알려 주어서 망설이고 좌절하였던 교회들이 쉽게 전도에 적용하여 매우 열심히 하셔서 부흥된 교회들이 많이 생겼습니다. 이 얼마나 감사한 일입니까? 같은 장소에서 몇 년 동안 지속적으로 복음을 전하다 보니 동네 통, 반장이 되는 경우도 있고, 또한 이웃들과 친숙해져서 저절로 교회에 등록하는 경우가 많으며 매일 전도하다보니 교회가 소문이 나서 전도하는 교회를 모르는 분이 없을 정도라고 합니다.

우리 스스로 전도가 된다, 안 된다고 망설이지 말고 끝까지 지속적으로 세상의 빛이 되시고 소망이 되시는 그 분을 많은 이들에게 알립시다. 그러면 그 분께서 우리를 강하고 담대하게 하시고 큰 힘과 능력으로 붙들어 주시고 꼭 사용하시게 됩니다.

세상 사람들은 우리들이 살아가는 삶을 세심하리만큼 유심히 보고 있습니다. 무엇이든 한 가지라도 끝까지 감당한다면 지역에서 꼭 열매를 맺을 수 있을 것입니다.
망설이고 실망치 말고 지속적인 전도를 꼭 합시다.

Point 36

전도는 지속적으로 끝까지 하여야 합니다.
왜냐하면 우리가 이 땅에서 영혼을 위해 울며 씨앗을 뿌리는 날과
시간을 따져보면 그리 많은 시간이 아니라는 것입니다.

지역을 장악하라

개척하기 전 지역을 정확히 파악해야 합니다.

어느 곳에 무엇이 있는지, 어떠한 특성을 가지고 있는지 분명히 알아야 하며 우선 영적으로 장애가 되는 것은 무엇인지를 정확히 파악해야 하기 때문입니다.

필자는 전도사 시절에 교회를 설립하였는데, 겁도 없이 아래층과 옆집에는 무당집이 있음에도 불구하고 2층에 교회를 설립하였습니다. 그렇다고 사전에 기도 없이 설립한 것도 절대 아닙니다. 매일같이 교회에서 기도하면 아래층과 옆집에서는 굿을 하고 난리가 아니었습니다. 하루 이틀도 아니고 한 달 두 달 영적 전쟁을 계속하는 가운데 우리는 견딜 수 없어 그저 기도만 하고 있었습니다. '아! 이 지역을 장악해야겠구나!' 저 무리들을 이 지역에서 몰아내야겠다고 생각하고 아침, 저녁 기도와 더불어 명령 기도까지 하였습니다. 그 때부터 기도의 효과가 나타나기 시작함을 느끼게 되었습니다.

무엇보다도 어둠의 영에 대하여 알고 어둠의 영에는 빛이 들어가면 사망하고 만다는 원리를 알게 되면 승리한다는 것입니다. 어둠엔 영(마귀)이 가장 싫어하는 말 즉 '예수의 피' 라고 외치면 꼼짝 못하고 주님의 귀하신 보혈의 피, 고통의 피를 뿌려주면 우리는 반드시 승리할 수 있다는 것입니다.

이제 구체적인 개척을 살펴보면 지역에 무당 및 술집, 노래방, PC방 등의 약한 점을 노려서 지역을 구분하는 것이 중요합니다. 몇 개의 지역으로 나누어 구체적으로, 집중적으로 기도를 4주간씩 하면 지역에서 역사하고 있는 사탄들이 멀리 떠나게 되고 교회의 부흥이 일어나기 시작합니다.

여호수아와 갈렙이 가나안 땅을 정탐할 때 그들의 약점을 보면서 하나님이 그들에게서 이미 떠났다는 것, 즉 들어가도 된다는 것을 알았듯이 우리도 막연히 기도하는 것보다 그 지역을 완전히 알고 기도하여 지역을 장악할 수 있으면 교회에 부흥의 불꽃이 타오를 것입니다.

Point 37

교회 개척 시 기도와 전도는 말할 것도 없지만
그 지역을 완전히 파악하고 기도하여 지역을 완전히 장악 하였을 때
교회에 부흥의 불꽃이 타오를 것입니다.

전도대를 조직하라

필자의 교회는 모든 조직을 영혼 구원에 초점을 맞추었습니다. 교회의 생명은 오직 전도, 영혼 구원에 있다고 봅니다.

예수님은 이 땅에서의 사역을 기도와 말씀 외에는 오직 전도에 모든 시간을 보내셨습니다. 그러므로 우리도 교회 부흥을 원한다면 교회의 체질을 오직 전도 체질로 조직화해야 한다고 생각합니다. 영혼이 메말라 애타게 갈구하는 자들, 길을 잃고 방황하는 자들을 향하여 우리는 마냥 기다리고만 있지 말고 그 유리하는 생명들을 위하여 지금 당장 달려 나가 봅시다. 오직 영혼 구령에 모든 시간을 드리고 사력을 다하는 것을 우리 예수님이 원하시는 것이라는 것은 두 말할 것도 없고 하늘의 축복을 허락해 주신다는 것입니다.

필자가 구할 때마다 기적을 크게 맛보고 저절로 감사와 영광을 돌리게 되는데, 그 때마다 느끼는 점은 전도하면 필요한 것을 채워 주신다는 것입니다. 물질이 없어 고통 받을 때 약 1천만 원의 자원을 받았으며, 또 올해는 전도용품을 약 8천 개의 자원을 받은 것입니다.

전도하는 교회는 반드시 영적, 인적, 물적인 축복을 더하여 주시고 부흥의 역사를 허락하여 주신다는 것입니다. 그러한 축복을 받기 위해서는 전도대가 조직되어야 한다는 것입니다. 필자의 교회는 구역을 더 발전시켜서 전도대를 세웠습니다.

예를 들면 베드로, 바울, 모세, 빌립, 여호수아 등의 전도대를 세우고 구역 대신 전도대는 한 주간 동안 시간을 정하여 모임을 갖고 성경읽기와 중보기도는 물론이고 전도에 대하여 중점적으로 대화를 나눕니다. 그리고 그 전도대의 리더는 반드시 교회 부흥을 위하여 모임과 가족을 위하여 이웃과 형제, 믿지 않는 전도 대상자를 위하여 반드시 돌아올 것이라는 것을 믿고 기도하며 사랑의 실천을 감당케 한다는 것입니다. 그러면 반드시 주님께서 생명의 열매를 약속하신 대로 그 수고의 대가는 우리 주님께서 열납하시고 허락하시며 놀라운 기적의 역사를 허락하시는 것을 느끼게 될 것입니다.

우리 모두 전도대를 통하여 기적의 역사를 체험해 봅시다.

Point 38

교회의 부흥을 원한다면 전도대를 조직하고
교회의 체질을 오직 전도 체질로 조직화 하여야 한다고 생각합니다.
성도들을 기다리지만 말고 세상에서 유리하는 생명들을 위하여
지금 당장 달려 나가 봅시다.

나 자신까지 던져라

　영혼 구원을 위해서라면 우리는 가진 것 모두를 아니 우리 자신까지도 다 줄 수 있습니까? 지금도 세상에서 어둠의 영에 사로잡혀 방황하며 살아가고 있는 수많은 영혼을 위하여 우리는 마음속 깊은 곳에서 타오르는 영혼 사랑의 갈급함으로 우리 주님이 계신 영생의 나라로 인도하기 위하여 복음을 전하고 있습니까? 우리 주님은 우리를 아무 대가 없이 구원의 은총을 허락하셨다는 것을 항상 마음에 간직하고 신앙생활을 하고 있습니까? 또한 구원의 은혜와 사랑에 감사하며 보답하는 길은 과연 무엇이라고 생각하십니까?

　한 영혼을 천하보다 귀하게 여기며 한 영혼, 한 영혼이 주님의 나라로 돌아올 때 하늘에서는 기쁨의 잔치가 열린다고 합니다. 그럼에도 불구하고 지금 우리는 세상 속에서 나태함에 빠져 살아가고 있지 않은지 다시 한 번 자숙하여 봅시다.

　날씨가 춥다고, 덥다고 전도를 하지 않으며 방 안에 누워서 TV나 보며, 잔칫집이나 세상일에 바쁘다고 핑계를 대지는 않는지, 하루하루 단 몇 분만이라도 몇 시간만이라도 전도에 시간을 할애해 봅시다. 그것이 바로 이 세상에 생명의 빛을 밝히고 소금이 되는 길이요, 천국행의 지름길이 아니겠습니까?

주님이 우리를 창조하시고 이 세상에 보내신 목적은 예수 사랑을 전하는 청지기가 되라는 것입니다. 또한 예수님이 이 세상에 오신 목적이 섬김을 받으러 온 것이 아니라 죄인을 구원하려고 오셨다고 하셨습니다. 이제 우리도 깨어서 일어납시다.

영혼을 사랑하는 갈급한 심정으로 세상 밖으로 뛰쳐나갑시다. 그리고 크게 외쳐 봅시다.

"예수 믿으세요!"라고.

Point 39

주님이 우리를 창조하시고 이 세상에 보낸 목적은
예수 사랑을 전하는 청지기가 되라는 것입니다.
또한 예수님도 이 세상에 오신 목적이 죄인을 구원하려고 오셨다고 했습니다.
이제 우리도 영혼 구원에 한 몸 바쳐야하지 않겠습니까?

사랑합니다. 목사님, 사모님

　필자는 많은 교회들의 내부에 보이지 않는 고충이나 문제점들이 있다면 목사와 사모 관계에서도 많이 발생한다고 봅니다. 특히 목사와 사모가 하나가 되지 않아 교회 많은 일에 갈등을 빚고 있는 것을 흔히 볼 수 있습니다.

　목사는 사모를 원망함으로 인하여 서로의 의견이 일치하지 않는다는 것입니다. 그렇지만 간단한 해결 방법은 다름이 아니라 두 사람의 의견을 서로 존중하고 기도하는 것입니다. 서로가 다투면 절대로 주님께서는 교회의 부흥을 허락하지 않는다는 것입니다. 힘써 일을 하는 성도들도 불안에 휩싸여 떠나버립니다. 서로 사랑하며, 감싸주며, 품어줄 때 부흥의 역사는 저절로 일어나는 것입니다. 강단에 서신 목사님이 말씀 속에 감정을 쏟아내게 되면 성도들에겐 은혜가 되지 않기 때문입니다. 그러므로 가장 민감한 부분이 목사와 사모의 관계 회복입니다. 그 관계만 회복되면 부흥의 역사는 저절로 나타날 것입니다.

　서로 사랑합시다! 사랑은 식물도 생명력이 넘쳐나게 한다고 합니다. 예수님께서 우리를 사랑하신 것처럼 사모를 사랑하면 반드시 하나님께서 크게 기뻐하실 것입니다. 사랑해 보세요! 범사에 좋은 일이 일어나고 사랑하면 교회가 성장하며 활력이 넘쳐나게 됩니다.

그게 바로 부흥의 전주곡이 아니겠습니까? 특히 목회자들은 사랑을 나누어 주는 자이기에 세상에서 찢기고 상처받고 상한 자, 눈물로 고통 당하는 자들이 그 사랑이 그리워 예수님 품으로 뛰어들지 않겠습니까? 입으로만 사랑을 말하지 맙시다.

사랑이란 가식적인 우리들의 모습을 벗어 던지고 참 그리스도의 사랑이 피어오를 때 교회 부흥의 불길로 타오르는 것은 당연한 것 아닐까요? 사랑합니다!

많은 교회들의 내부에 고충이나 문제점이 있다면
목사와 사모의 관계에서도 많이 발생한다고 봅니다.
그러므로 가장 민감한 부분이 목사와 사모의 관계회복입니다.
그 관계만 회복되면 부흥의 역사는 저절로 일어날 것입니다.

전도는 기적의 열쇠다

전도는 기적의 열쇠입니다. 아무 일도, 아무 것도 없는 무예(蕪穢:잡초가 무성하여 거칠고 지저분함)한 곳에 기적이 찾아오는 것은 오직 영혼 구원 사업밖엔 없습니다. 전도를 통해서 기적이 일어나면 상상할 수도 없는 사건이 일어납니다.

필자의 교회는 올해 기적의 현장이었습니다. 전도만 하면 하늘이 열리는 축복을 아낌없이 부어 주시는 것을 경험하게 된 것입니다. 많은 분들이 생활이 어렵다고 아우성을 칩니다. 아우성만 치지 말고 지금 바로 밖으로 달려 나가서 전도를 해 보세요. 주님의 뜨거운 사랑과 예수님의 이름으로 전도하면 하나님께서 반드시 책임져 주실 것입니다.

감사한 것은 많은 분들께서 우리가 전도하는 것을 보고 도전을 받아 그대로 행하였더니 교회와 가정에서 기적을 보게 되었다고 기뻐한다는 것입니다.

필자의 교회가 국민일보 사옥에서 전도 세미나를 개최케 허락하신 하나님께 감사드리며 전도의 열정을 가지신 전국의 목회자, 평신도들께서 많이 참여해 주신 것을 보고 필자는 아직도 이 나라 교회에 희망이 있다는 것을 느꼈습니다. 또한 도전받고 오직 전도에 목숨 걸어 보겠다고 결심을 하신 참석자들을 보며 너무나도 감격하였습니다. 전도는 주님께서 기뻐하시는 것이기에 우리는 게으로고 나태하게 앉아만 있을 수가 없습니다. 왜냐하면 전도할 때 기적의 열쇠를 우리에게 주시고 작은 일에도 반드시 기회를 허락해 주신다는 것입니다. 전도하면 하나님께  서도 보고만 계시지 않으시고 보너스에 보너스를 더해 주신다는 것입니다. 전도하려고 마음만 먹어도 전도용품이 넘쳐나고 전도가 넘쳐 남은 물론이요, 무엇보다도 내가 변화되며 주님의 나라가 왕성해진다는 것입니다.

여러분, 우리 모두 전도하여 기적의 열쇠를 받읍시다.

전도는 기적의 열쇠입니다.
전도를 통해서 기적이 일어나면 상상할 수도 없는 사건들이 일어납니다.
부흥은 물론이요,
물질의 축복도 허락하여 주신다는 것을 느낄 수 있습니다.

전도의 불을 받아라

필자는 많은 목사님들이 전도는 하지 않고 망설이고만 있다는 것을 이번 전도 세미나를 통하여 절실하게 느끼게 되었습니다.

지난 2007년 7월 16일 1차로 국민일보 사옥에서, 그리고 23일에 2차로 필자의 교회에서 세미나를 열게 되었습니다. 1차에서 크게 느끼지 못했던 점들을 2차 세미나를 통하여서 느끼게 된 점이 있는데 그것은 다름이 아니라 전도의 불을 받아야 한다는 것입니다.

많은 목회자들과 성도들이 전도의 불을 받는 순간 지금까지 전도하지 않은 것에 대하여 눈물을 흘리며 주님 앞에 통회하는 것을 보게 되었습니다.

처음에는 희망이라고는 전혀 없는 모습으로 참석했지만 그 후 상황은 완전히 역전되어 이젠 전도하며 살리라, 전도에 생명을 걸겠다고 여기저기서 목사님과 사모님 그리고 성도님들이 불타오르는 모습으로 눈물의 통성기도를 하는 모습을 접할 때 필자도 또한 감사의 눈물이 앞을 가렸습니다. 필자의 심정이 이럴진대 우리 주님께선 얼마나 기뻐하셨겠습니까?

왜 교회가 부흥되지 않는가? 그 이유를 약 4시간의 세미나를 통해서 울고 웃으며 그동안에 쌓인 모든 피로감까지 완전히 해소시키고 이제 다시 시작해 보겠다는 다짐을 한 것입니다. 필자가 그동안 수많은 전도 세미나를 인도한 가운데 목사님과 사모님이 관심을 가지고 전도에 열성을 보인 교회는 성장가도를 달리지 않는 교회를 보지 못했습니다.

우선 식어져버린 내 영혼에 불을 지펴야 합니다. 영혼 사랑만이 그 불을 받을 수 있습니다. 이제 전도의 불을 태웁시다. 영혼을 위해 세상 밖으로 나가서 복음을 전합시다.

잠자고 있는 교회에서 깨어나 복음을 전하는 교회로서 부흥의 기적을 맛보지 않으시겠습니까?

식어진 내 영혼에 불을 지펴야 합니다.
영혼 사랑만이 그 불을 받을 수 있습니다.
이제 전도의 불을 태웁시다.
영혼을 위해 세상 밖으로 나가서 복음을 전합시다.

지역의 걸림돌을 제거하라

어느 지역이든지 부흥을 가로막는 걸림돌들이 있기 마련입니다. 필자는 이러한 걸림돌들을 먼저 제거하는 것이 부흥의 첫 장을 여는데 필요한 큰 과제라고 생각합니다.

다윗은 골리앗이라는 걸림돌을 만났지만 좌절하지 않고 주님을 붙잡고 대적하여 승리라는 기쁨을 맛보았습니다.

우리 또한 지역에 산재해 있는 걸림돌들을 제거하는 데 목표를 두고 최선을 다해야 합니다. 절간이나 무당집, 술집 등이 교회 주변에 있으면 교회 부흥에 있어서 크나큰 지장을 초래합니다. 그러므로 목사님과 전 성도들이 합심하여 기도해야 합니다. 특히 필자의 교회에서는 명령기도를 집중적으로 하였습니다.

예를 들면 금요 예배를 마친 후 성도들과 더불어 절간이나 무당집 등을 다니면서 명령기도를 반복적으로 하였습니다. 그런 가운데 교회 주변에 있던 무당집 4곳이 다른 곳으로 떠났으며 술집이 줄어들기 시작하였습니다. 더 주목해야 할 점은 합심하여 명령기도를 하다 보니 성도들의 심령과 교회가 뜨거워지기 시작하였고, 교회 부흥의 불씨가 타오르기 시작하였습니다. 더불어 교회가 영적 능력을 발휘하면서 큰 역사가 일어나기 시작했습니다.

그러므로 어둠의 영들이 지역을 지배하지 못하도록 깨어서 기도해야 합니다. 특히 명령기도로써 어둠 속에 죽어 있는 지역을 빛의 세계로 변화시켜 영적으로 살아있는 지역으로 만들어야 합니다. 기도로써 승리하기 위해서는 눈이 오나 비가 오나 중도에 포기하지 말고 승리하는 그 날까지 지속하여야 합니다. 주님께서는 우리가 흘리는 그 피와 땀을 보시고 역사하시는 것입니다. 우리 모두 끊임없는 기도와 전도함으로, 합심하여 명령기도로써 지역에 산재해 있는 걸림돌들을 제거하여 주님이 주시는 부흥의 불길을 느껴 보시지 않겠습니까?

Point 43

주님께서는 우리가 흘리는 그 피와 땀을 보시고 역사하는 것입니다.
우리 모두 끊임없는 기도와 전도는 물론이요,
명령기도로써 지역에 산재해 있는 걸림돌을 제거합시다.

주님의 기쁨과 사랑이 내 마음 속에

여러분! 전도 한 번 해 보세요.

하루 시간 중 2시간 24분을 주님께 드려 보세요. 기적이 일어납니다. 상상을 초월한 은혜의 복을 넘쳐나게 부어 주실 것입니다.

왜 이토록 더운 여름 날씨에 땀을 흘리며 누구를 위하여 이 도로에 나왔느냐고 비아냥거림을 당할 때도 한두 번이 아니지만 오히려 즐겁기만 합니다. 왜냐고요? 우리 주님의 사랑이 너무나 크고 높음에 감사하는 마음과 기쁨으로 하기 때문입니다.

지나가면서 저희들을 향해 손가락질을 하며 비아냥거리는 사람들을 볼 때, 그들이 우리 주님을 모르고 어리석어 죄악 속에서 살아가는 영혼이라는 생각을 하면 안타까운 마음으로 인하여 눈물이 앞을 가립니다. 또한 저 영혼들도 우리 주님을 영접하고 말씀 속에서 온전한 믿음으로 살아갈 때 이 세상의 축복은 물론이요 영생을 허락 받는다는 것을 생각하면 더욱 전도에 사력을 다해야겠다는 마음이 불타올랐습니다.

여러분, 지금은 사계절 중 가장 더운 계절이지만 지금도 울고 있는 형제자매, 보이지 않는 곳에서 어둠의 영에 사로잡혀 고통 속에서 몸부림치고 있는 영혼, 복음 듣기를 원하는 자들을 위하여 우리는 세상 밖으로 달려 나갑시다.

　필자의 경험에 비추어 보면, 전도는 막혔던 삶이 열리고 병이 치유되는 역사가 일어납니다. 그리고 영적, 육적, 물적인 축복을 받는다는 것은 말할 필요도 없습니다. 우리 주님께서는 온몸이 상처로 인하여 피로 물든 채 무거운 십자가를 등에 지고 골고다 언덕을 오르셨다는 것을 상기할 때 우리는 춥다고, 덥다고, 비가 온다고 해서 전도를 중단해서는 안 됩니다.

　여러분!

　전도는 기적의 열쇠입니다. 하루도 빠짐 없이 습관적으로 전도해 보세요. 주님이 기적을 체험케 해 주실 것입니다.

지금도 울고 있는 형제 자매, 보이지 않는 곳에서
어둠의 영에 사로잡혀 고통 속에서 몸부림치고 있는 영혼,
복음 듣기를 원하는 자들을 위하여 세상 밖으로 달려 나갑시다.

씨를 뿌리자

성경에 보면 이삭이 농사하여 그 해에 100배의 수확을 했다고 합니다. 이삭이 어떻게 100배의 결실을 얻었을까요? 그 해답은 간단합니다.

바로 씨를 뿌렸다는 것입니다. 씨를 뿌려만 놓으면 주님께서 비를 내리시고 햇볕을 비추셔서 열매를 맺게 해 주신다는 것입니다. 그런데 우리는 씨를 뿌리기도 전에 염려부터 합니다.

혹시나 거절 당하지 않을까? 해 보지도 않은 채 겁부터 내는 것입니다. 막상 해 보면 어려운 것도 아닙니다. 우리와 함께 동행해 주시는 분 곧 성령님이 계시는데도 그것을 망각하고 두려움을 잔뜩 안고 나갑니다. 더군더나 그냥 주저앉아 버린다는 것입니다. 영혼을 사랑하는 마음으로 나갑시다. 이보다 더 귀하고 값진 것이 어디 있겠습니까? 주님을 모르는 불쌍한 영혼에게 복음을 전하는 것만큼 가치 있는 선물이 어디 있겠습니까?

씨를 뿌리면 자라나게 하시고 열매를 맺게 하시는 주님이십니다. 우리는 그냥 열심히 씨를 뿌려 봅시다. 반드시 싹이 나게 하십니다. 거두어 주십니다. 하나님을 의지해서 생명을 담아 전해 보세요. 씨를 뿌릴 때는 힘이 듭니다. 그러나 그 열매를 거둘 때의 기쁨은 어떠하겠습니까? 전도할 때는 참으로 힘이 듭니다. 그러나 하고 나면 기쁨이 넘쳐납니다. 또한 우리 주님께서 얼마나 기뻐하시겠습니까? 보통 중도에 포기하는 경우가 많이 있습니다. 열매가 맺힐 때까지 절대로 포기하지 마시고 비가 오나 눈이 오나 지속적이며 습관적으로 해 보세요. 주님께서도 우리를 포기하지 않고 도와주실 것입니다.

예수 사랑의 마음으로 땅 끝까지 우리 주 예수를 모르는 불쌍한 영혼들을 위하여 복음을 전합시다. 그리하여 이 세상 구석구석까지 주님의 성도로 만들어 보시지 않으시겠습니까?

Point 45

씨를 뿌리면 자라나게 하시고 열매 맺게 하시는 주님이십니다.
우리는 그냥 열심히 씨를 뿌려봅시다.
반드시 싹이 나게 하십니다.
거두어 주십니다.
하나님을 의지해서 생명을 담아 복음을 전해 보세요.

마귀가 제일 싫어하는 것

마귀가 제일 싫어하는 것은 무엇일까?

아마도 영혼을 살리는 것입니다. 주님이 이 땅에 오신 목적은 잃어버린 자를 찾기 위해 오셨습니다. 마귀는 이를 가장 잘 알고 방해 공작과 갖은 모략을 다 써 가면서 전도를 못하게 합니다.

누구나 예수 믿으면 하나님의 자녀가 됩니다. 예수님을 나의 구주로 모시기만 하면 모두가 하나님의 자녀가 된다는 것이 그렇게 쉬운 일인데도 세상 사람들은 그 사실을 모른 채 예수 그리스도를 멀리하고 있습니다.

그러나 하나님을 믿으면 천대까지 은혜와 축복을 받는다는 사실과 천국의 영생을 보장받는다는 사실을 알고 있는 우리는 감사하는 마음과 기쁨으로 전도에 사력을 다해야 하지 않을까요?

필자는 얼마 전 절간을 열심히 쫓아다니던 분을 만나게 되었습니다. 그에게 예수를 증거 했지만 아직은 주님께 돌아올 마음이 없다는 것이었습니다. 그러나 저는 기도하며 그를 만날 때마다 주님을 증거 했습니다. 그 가운데 중요한 것을 발견하게 되었는데 그것은 그가 바로 지금까지 무당이 시키는 대로 살아왔다는 것이었습니다. 그런데 예수를 믿으면 큰 어려움이 닥쳐올 것 같아 도저히 믿을 수가 없다는 것입니다.

그 말을 들은 후 저는 치밀한 계획을 세우고 좋으신 하나님을 소개함과 동시에 그가 보는 앞에서 우상들을 모두 다 산산이 부수고 태워버렸습니다. 그 분은 그날 밤 불안에 싸여 잠도 이루지 못하고 다음날 직장에 나갔지만 아무 일이 없었다고 하였습니다. 지금은 저 쓸모없는 것들을 자기가 왜 간직하고 있었는지 후회스럽다고 하며, 이제는 주님께 나아와 정말로 열심히 주님을 섬기며 남편과 자녀들까지도 주님께로 인도했다는 사실입니다. 할렐루야!

이렇듯 사탄은 늘 속삭입니다. 절대로 예수 앞으로 가지 말라고. 그러나 우리는 그 속임수에 빠져 고통 받고 있는 수많은 영혼들을 빛의 세계로 인도해야 하지 않을까요? 그것이 바로 우리 주님이 진정 원하고 있는 것이니까요.

Point 46

하나님을 믿으면 천대까지 은혜와 축복을 받는다는 사실과
천국의 영생을 보장 받는다는 사실을 알고 있는 우리는 감사하는 마음과
기쁨으로 전도에 사력을 다해야 하지 않을까요?

응답의 비결은 전도

주님께서는 복음을 전하는 자를 꼭 기억하시고 기도로 간구함을 속히 응답해 주신다는 것을 우리는 꼭 기억하고 있어야 합니다.

필자는 많은 분들의 간증을 들어보았는데, 자기 스스로 세상사를 해결하지 못하고 헤쳐 나가지 못할 때 오로지 전도에 전심을 다했더니 어려운 문제가 해결되고 축복의 기쁨을 맛보았다는 것입니다.

모든 문제 속에는 우리가 깨닫지 못하는 비밀이 숨겨져 있습니다. 그 비밀을 풀 수 있는 열쇠가 곧 전도 아니겠습니까? 즉, 전도란 축복의 통로를 열어주는 열쇠라고 볼 수 있습니다.

우리가 어떠한 일을 습관적으로 해 봅시다. 제가 아는 한 장로님은 인쇄소를 경영하시는데, 매일 하루도 쉬지 않고 한 시간씩을 전도에 투자하였더니 주문 물량이 넘쳐나서 하루 종일 인쇄를 하여도 주문량을 못 채울 정도로 사업장에 축복을 허락하여 주셨다는 것입니다.

남들이 어려워 좌절하고 주저앉아 있을 때 전도해 봅시다. 반드시 어려움 속에서 건져내주시고 회복케 해 주시는 놀라운 은혜를 체험하게 될 것입니다.

육신의 질병으로 사형 선고를 받은 자도 복음을 전하면 건강을 회복시켜 주시며 새 생명을 주신다는 것을 우리는 잊어서는 안 됩니다. 한 예로, 필자의 교회에 간경화 말기, 당뇨, 고지혈증, 황달, 흑달, 하반신 마비라는 합병증으로 6개월 시한부 인생의 삶을 살아가던 집사님이 전도에 모든 것을 바쳤을 때 주님이 역사하시어 모든 병을 고침받은 것은 물론이요, 건강이 회복되어 교회의 큰 일꾼이 되었습니다.

전도만하면 교회의 부흥뿐만 아니라 필요한 모든 것을 풍성하게 채워 주십니다. 응답의 비결은 전도라는 확신을 가지고 지금 당장 나가 한 번 외쳐보세요. "예수 믿으세요!"

전도만 하면 교회의 부흥뿐만 아니라 필요한 모든 것을 채워 주십니다.
응답의 비결은 전도라는 확신을 가지고 지금 당장 나가 복음을 전합시다.

지역을 초토화하라

교회를 개척한 후 그 주변 지역을 한 번 둘러보세요. 곳곳마다 십자가가 없는 곳이 없을 정도로 많은 교회가 세워져 있음을 볼 수 있습니다.

그렇다고 해서 지레 겁부터 먹지 말고 지역 구석구석을 초토화시키고자 하는 결단을 해야 합니다. 교회가 많이 있다고 해서 믿지 않는 영혼들이 없다는 것이 아니기 때문입니다. 수많은 영혼들이 예수를 알지 못하고 복음을 모르고 인생을 갈급함 속에서 살아가고 있음을 우리는 인지해야 합니다.

그렇다면 믿지 않는 영혼들을 위하여 어떠한 방법을 동원해야 할 것인가? 그것은 바로 '지역 초토화' 작전이라고 할 수 있습니다. 그러면 지역을 복음이라는 영적 폭탄으로 어떻게 공략할 것인지에 대해 소개하고자 합니다.

필자의 교회에서는 전도대를 적극 활용합니다. 교회 앞과 교육관 앞에는 고정적으로 전도 캠프를 설치하여 교회 주변의 주민들을 집중적으로 전도하며, 그 외 지역은 5개 지역으로 분할하여 화요일부터 토요일까지 순환하며 전도를 하는데, 음료수나 과자 및 샴푸 등을 나누어 주면서 상가와 사무실은 물론이요, 가가호호 방문 전도를 합니다.

그렇게 지속적으로 방문 및 노방 전도를 하다 보면 지역 주민들과 대화의 장이 쉽게 열리게 되며 친숙함을 유지할 수 있음을 피부로 느낄 수 있습니다.

어떤 분은 "이러다 정이 들겠습니다."라고 하시는 분도 계십니다. 그 결과는 눈으로 보지 않아도 알 수 있습니다. 많은 영혼들이 자연스럽게 주님의 나라로 인도된다는 것입니다.

여러분!

지역을 세분화하여 쉬지 않고 지속적으로 전도하여 부흥의 기쁨을 주님께 돌려보시지 않으시겠습니까?

Point 48

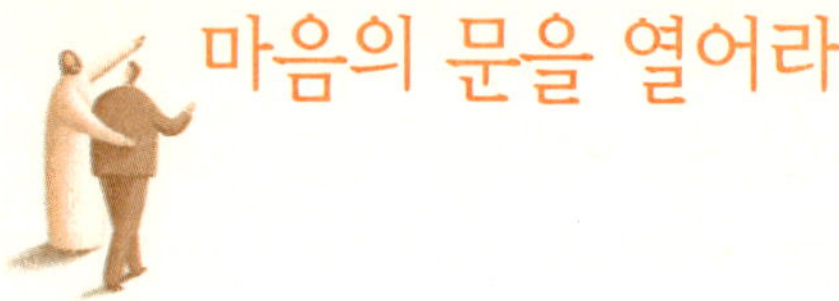

마음의 문을 열어라

일반적으로 우리 목회자나 전도자들이 세상 사람들을 만나 복음을 전할 때 틀에 박힌 말씀 즉, 성경적인 측면으로만 흐르는 경향이 많이 있습니다.

그러나 그것은 우리 예수님이나 말씀을 모르는 세상 사람들에게는 생소하거나 거부감을 느낄 수 있다는 것을 명심해야 합니다.

믿지 않는 자들에게 자기가 죄인이라는 것과 천사나 마귀, 천국, 지옥에 대하여 이야기하고 구원받아야 한다고 해 봅시다. 당장 그들은 이렇게 반발합니다. "내가 왜 죄인이냐?, 당신 천국이나 지옥에 가 보았냐? 나는 이 세상 살아오면서 큰 죄를 지은 것이 없고 어려운 사람들도 도와주고 봉사도 하고 살아왔다."고 하며 오히려 구원으로부터 멀어지는 수가 있습니다.

그러면 어떻게 해야 그들의 마음의 문을 열 수가 있을까요? 필자는 처음 전도 대상을 만났을 때 "예수 믿으세요."라는 말 한 마디와 간단한 간증을 합니다.

그 후로는 만날 때마다 정치나 경제 이야기, 사회 이야기 등 공통 관심사에 대하여 대화를 합니다. 대화중에 명심해야 할 점은 항상 상대방의 이야기를 들어주며 동조하고 칭찬을 아끼지 않아야 합니다.

그러다 보면 상대방의 삶에 있어서 고민이나 어려움을 파악할 수가 있으며 같이 손에 손을 잡고 고민하고 안타까워할 때 저절로 마음의 문이 열리기 시작합니다. 그 때부터는 기도와 말씀으로 무장하고 영적인 공격이 시작되는 것입니다.

물론 한두 번으로 인도되는 것은 아닙니다. 수첩에 메모를 해가며 정기적으로 비가 오나 눈이 오나 기도하며 끊임없이 방문할 때 주님께서 열매를 맺어 주신다는 것입니다.

일단 전도 대상자와 거리감을 없애고 친해져서 마음의 문부터 열어보세요. 그 좁은 문을 통하여 말씀이 들어가고 주님을 찾고자 하는 갈급한 심정이 불타오를 것입니다.

일단 전도 대상자와 거리감을 없애고 친해져서 마음의 문부터 열어 보세요.
그 좁은 문을 통하여 말씀이 들어가고
주님을 찾고자 하는 갈급한 심정이 불타오를 것입니다.

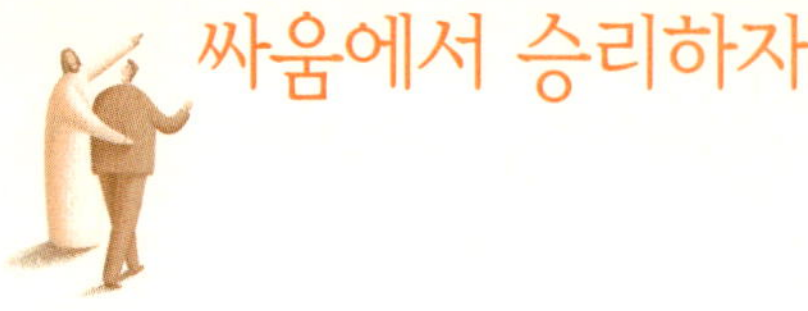

싸움에서 승리하자

　필자는 오늘도 전도를 마치고 돌아올 때 무어라 표현할 수 없는 기쁨과 환희를 느낍니다.

　전도할 때마다 느끼는 것이지만 전도를 방해하는 악의 세력들과 싸움에서 승리했다는 기쁨과 아파트 꼭대기에서부터 내려오며 전도지를 꽂고 사람들과 만나 인사와 대화를 나누며 예수 이름 붙들고 기도할 때 마귀가 억울해하면서 떠나가고 있음을 보면서 감사를 드립니다.

　전도를 할 때 누구나 느끼겠지만, 사소한 일들로 인하여 갈등을 느낄 때도 있을 것이고 무엇인가 가로막는 것 등 참으로 많은 장벽이 부딪쳐 옵니다.

　그러나 한 영혼을 주님께 인도하는 승리의 고지를 점령하게 되면 그 어떤 기쁨과도 비교할 수 없음을 피부로 느끼게 됩니다. 한 영혼이 광야에서 고통과 함께 방황하다가 눈물로 회개하며 주님 품에 안길 때 주님께서는 천국에서 잔치를 열고 기뻐 춤을 추실 것입니다.

　오늘 내가 흘린 이 땀방울이 이마와 등줄기에서 흘러내릴 때 우리 주님은 사랑의 손길로 닦아주시며 "사랑하는 내 아들아, 너를 안아주리라."하며 얼마나 기뻐하시겠습니까?

여러분, 망설이지 마시고 지금 당장 복음을 전하러 나가시지 않으시 겠습니까? 주님께서는 우리가 흘린 땀방울을 결코 외면하지 않으실 것입니다. 우리가 전도할 때 항상 마귀의 유혹이 도사리고 있습니다.

그러나 그 마귀와의 싸움에서 승리하여 한 영혼 한 영혼을 주님께 인도하여 진정한 삶의 기쁨을 맛보지 않으시겠습니까? 또한 천국의 영생을 바라보며 입술로 전하든지 문서로 전하든지 어떠한 방법으로 전하든 담대하게 복음을 전하는 세상의 빛과 소금이 될 때 우리 주님이 하늘의 복과 땅의 기름진 복을 주신다는 것을 잊지 맙시다.

희생하세요.

주님이 주신 생명에 감사하며 영혼 사랑의 심령으로 기도하며 전도하세요. 주님이 함께하실 것입니다.

한 영혼, 한 영혼이 광야에서 고통과 함께 방황하다가
눈물로 회개하며 주님 품에 안길 때
주님께선 천국에서 잔치를 열고 기뻐 춤을 추실 것입니다.

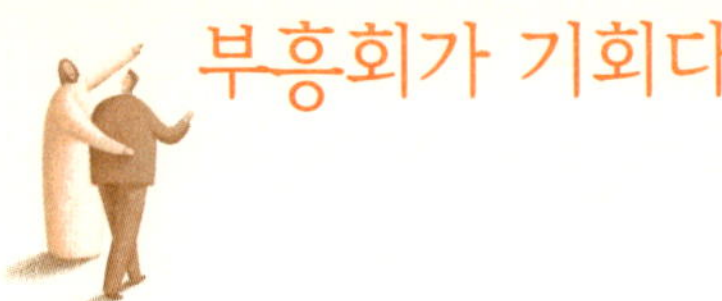

부흥회가 기회다

최근에 교회들의 부흥회가 대폭 줄어들었습니다. 그 이유는 부흥회를 해봐야 별로 효과가 없다는 것입니다. 부흥회가 교회 부흥의 기폭제가 되어야 하는데도 그러지 못한 경우가 허다하기 때문입니다. 그 이유는 준비 과정에서부터 문제점을 안고 있고 안타까운 경우가 한두 가지가 아니라는 것입니다.

일반적으로 각 교회들은 부흥회를 위하여 열흘이나 보름 정도 전부터 포스터 작업이나 부흥 전도지를 배포한다는 것입니다. 모든 것은 형식에 그치지 않기를 늘 바랍니다. 필자의 교회는 부흥회 때마다 성전이 차고 넘치는 역사가 일어나고 등록하는 교인 수가 늘어나는 것을 항상 체험합니다.

그러면 그 방법이 무엇인지 여러분에게 소개하고자 합니다.

저희 교회에서는 2개월 전부터 포스터 1,000장과 부흥회 전도지 1만 6천 장을 제작하여 부착하고 배포하기 시작합니다. 거기에다 전교인 새벽기도, 오후 1시 기도, 9시 저녁기도를 작정하고 부흥회의 성공과 교회 부흥을 위하여 뜨겁게 부르짖습니다.

또한 포스터와 부흥 전도지의 배포에도 세밀한 계획을 세우고 교회

접근도를 구분하여 교회 주변 지역을 4지역으로 나누어서 1차로 전 지역을 포스터 작업과 부흥 전도지를 배포하고 2차 또한 전 지역을 1차와 같이 실시합니다. 그리고 마지막 3차로 부흥회를 5일 앞두고 가장 가까운 지역에 배포 작업을 합니다. 그리고 부흥회를 위한 현수막을 설치하는 것 또한 필수입니다.

위에서 열거한 방법 즉 2개월간의 포스터 작업과 부흥 전도지 배포, 현수막 설치와 더불어 작정 기도 기간을 정하여 뜨겁게 부르짖어 보세요. 그럴 때 주님께서 부흥회가 진정한 교회 부흥의 기회로 역사하여 주실 것입니다. 그로 인하여 여러분의 교회가 한 단계 더 도약하고 부흥하는 역사가 일어날 것입니다.

전도자의 차림새

　　세상에서 상품을 판매하는 영업사원들의 외모나 옷차림새를 보면 항상 밝은 미소와 깨끗한 옷차림새나 정장을 하고 고객들에게 접근합니다. 그럴 때 대부분의 고객들은 일단 경계심을 풀고 그들을 맞이합니다. 그렇게 접근한 후 제품에 대한 설명이나 세상사는 이야기 등으로 공감대 및 인간관계를 형성하여 최종 목적인 제품 판매에 돌입한다는 것입니다. 하물며 하나님의 영업사원(전도자)인 우리가 복음이라는 상품을 가지고 세상에 나갈 때는 어떻게 하여야 하겠습니까?

　　영적 승리를 위한 기도로 무장하는 것은 물론이요, 얼굴 표정이나 옷차림새는 또 어떻게 하여야 할 것인가 우리는 늘 살펴볼 줄 아는 전도자가 됩시다.

　　예를 들자면 화난 표정이나 수심이 가득 찬 얼굴, 아무렇지 않은 듯 집안에서 입고 있던 모습으로 복음을 전한다면 받아들이는 측면에서 마음을 어떻게 하고 받아들이겠습니까? 상대방들은 경계심이나 관심조차도 주지 않고 돌아설 것입니다. 축복 받는다는 이야기는 많이 하는데 얼굴 표정도 옷매무새도 예수 믿으면 그렇게 되느냐는 질문을 많이 할 것입니다.

상대방의 마음을 열려면 우선 외모의 깨끗함과 말씨와 얼굴 표정 등은 첫 번째 대하는 것이기 때문에 복음의 높은 벽을 허물 수 있는 자세는 정말 중요합니다.

그러면 전도자는 어떻게 하고 세상에 나가 복음을 전해야 할까요? 깨끗이 차려 입고 환한 미소와 더불어 복음을 전해 보세요. 그러면 세상 사람들이 경계심을 버리고 마음 문을 열기 시작할 것입니다. 또한 예수 믿으면 그렇게 기쁘고 즐거운 마음과 아름다운 삶이 되느냐고, 행복해질 수 있느냐고 반문하게 됩니다.

여러분!

우리 주님께서 영혼을 지극히 사랑하시는 것이라면 우리도 최선을 다해 봐야지요. 우리 몸이 곧 성전입니다. 항상 깨끗하고 아름답게 꾸며 보시지 않겠습니까?

Point 52

우리가 복음이라는 상품을 가지고 세상에 나아갈 때
어떻게 하여야 하겠습니까?
영적 승리를 위한 기도는 물론이요,
얼굴 표정이나 옷차림새는 또 어떻게 하여야 할 것인가?

전도의 여러 유형들 1

전에도 언급했지만 처음에는 "예수 믿으세요!"라는 말로 접근하여 상대방의 마음 문이 어느 정도 열릴 때까지는 정치, 경제, 사회 등 공동 관심사로 대화를 나누며 친분을 쌓는 것이 유연한 방법이라고 제시하였습니다. 그러면 대상자를 유형별로 살펴보기로 합시다.

첫째, 무신론자들에게는 신이 존재한다는 것부터 인식시켜 주어야 합니다. 무신론자들도 최소한 한두 번쯤은 재미삼아 점을 본다거나 귀신이 있다고들 생각하였을 것입니다.

예를 들어 무당들이 시퍼런 작두 위나 물동이 위에서 춤을 추거나 예언 등을 합니다. 그러한 것들이 한 인간의 능력으로 가능한 것은 아닙니다. 그것은 바로 접신을 하였기에 가능한 것입니다. 즉 어둠의 영, 마귀를 일컫는 것입니다. 그러면 빛의 영, 하나님이 없다고 단정할 수 있겠는가라고 반문해 보면 무신론자들도 하나님이 없다고 단정 지어 말하지 못합니다.

특히 우리 민족은 대대로 샤머니즘(shamanism)이나 토테미즘(totemism), 조상신 등으로 우상숭배나 미신으로 인하여 영이 죽어 있었습니다. 그로 인하여 빈곤과 외침 등 고난과 고통의 역사로 점철되어

왔습니다. 그러나 예수님이 이 땅에 오심으로 인하여 번영의 길을 걸어왔다는 것입니다. 또한 세계사를 고찰해 보면 영국이라는 나라는 한때 '태양이 지지 않는 나라'로 불렸습니다. 그 원인은 영국이라는

예배 중 십계명을 설명하는 필자

나라가 하나님을 너무나도 잘 섬기는 나라였기 때문입니다. 그러나 지금은 무슬림이 득세하고 교회당이 환락의 장소로 변함으로 인하여 세계 속에서의 영국 입지는 정치나 경제 등 모든 면에서 침체를 벗어날 수 없게 되었다는 것입니다. 반면 미국은 세계에서 선교사 파송 1위라는 것과 세계 경제와 군사력 등을 주도한다는 것입니다.

여러분!

위에 상기한 것 이외에도 많은 예가 있을 것입니다. 여러분이 가지고 계신 지식들과 접목하여 무신론자들의 고정관념을 깨뜨리고 주님의 나라로 인도해 보시지 않으시겠습니까?

전도의 여러 유형들 2

　전편에서 대상자별 전도법 가운데 무신론자에 대하여 언급하였습니다. 그러면 이번에는 타 종교인과 실족자들에 대하여 말씀드리고자 합니다. 타 종교인들의 대표적인 예로 불교인을 들어 보겠습니다. 그들은 자비를 내세우며 스스로 선한 일을 한다고들 합니다. 거기에다 윤회설까지 내세웁니다.

　그렇다고 해서 무조건 비판하고 반박하지 말고 인정할 것은 인정하고 좋은 점은 칭찬해 주어야 합니다. 즉 타 종교에 대하여 인생은 선하게 살아야 한다는 것 등은 인정해 주어야 합니다. 그리고 나서 죽음에서 부활하신 살아계신 예수님을 증거 해 보십시오.

　그리고 교회에 나오기를 꺼려하거나 두려워하는 자들에게는 "우리 예수 믿는 사람들도 등산이나 관광을 가면 절 구경도 다 하지 않습니까? 당신도 교회가 어떻게 생겼는지 구경이라도 하고 죽어야 원도 한도 없지 않겠습니까?" 라고 해 봅시다. 그리하여 일단

교회에 인도하여 앉아 있게 만이라도 해 보세요. 그 다음은 주님께서 역사하신다는 것은 다 알고 있는 사실 아닙니까?

마지막으로 실족자들에 대하여 알아보면 사실 실족자들을 인도하는 것이 가장 어렵다고 볼 수도 있습니다. 그들은 이미 예수님이나 성경 말씀에 대하여 기본적인 지식을 가지고 있기 때문에 말씀보다도 몸으로 보여 주어야 한다고 생각합니다. 우선 실족한 원인부터 파악하는 것이 급선무입니다. 보통 신앙생활을 같이 하던 성도들로부터 시험을 당하여 실족한 경우가 대부분입니다. 그러므로 그들에게는 세상 사람들이 보더라도 선한 모습, 사랑의 모습 즉 예수의 향기가 나는 삶을 보여 주어야 합니다. 그래야 그들이 전도자의 모습을 보고 주님의 자녀로 다시 돌아와 믿음의 형제자매가 되지 않겠습니까?

여러분!

습관적으로 전도를, 그리고 예수님처럼 기도를 합시다.

Point 54

전도자는 세상 사람들에게 선한 모습, 사랑의 모습,
즉 예수의 향기가 나는 삶을 보여 주어야 합니다.
그래야 그들이 전도자의 모습을 보고 주님의 자녀로 돌아오지 않겠습니까?

망설이지 마라

우리나라 속담에 "시작이 반"이라는 말이 있습니다. 많은 사람들이 전도는 하고 싶은데 이것저것 핑계로 망설이다가 때를 놓치는 경우가 허다합니다. 전도는 망설이지 말고 바로 시작해야 합니다.

농부가 밭을 갈고 난 후에야 씨앗을 뿌리고 그 다음에 열매를 맺는 기쁨을 누릴 수 있듯이 밭이나 논을 갈지도 않고 씨앗만 뿌려 놓는다고 열매가 맺어지리라는 기대는 절대로 해서는 안 된다는 것입니다.

성경 말씀에 주인이 종들에게 다섯 달란트, 두 달란트, 한 달란트를 맡긴 예화가 있습니다. 주인이 돌아와서 각각 남긴 것을 회계(會計)하게 되는데 다섯 달란트를 받은 자는 또 다섯 달란트를, 두 달란트를 받은 자는 또 두 달란트를 남겼습니다. 그러나 한 달란트를 받은 자는 그저 한 달란트를 가지고 온 것입니다. 이때에 주인이 무엇이라고 했습니까? "각각 남긴 자들에게는 착하고 충성된 종들아 네가 작은 일에 충성하였으매 내가 많은 것으로 네게 맡기리니 네 주인의 즐거움에 참예할지어다"라고 칭찬하였으나 한 달란트를 그대로 가지고 온 자에게는 "악하고 게으른 종아 나는 심지 않은 데서 거두고 헤치지 않은 데서 모으는 줄로 네가 알았느냐"하고 그에게서 한 달란트를 빼앗아 열 달란트 가진 자에게 주었습니다.

필자는 여기서 주님의 마음을 알게 되었습니다. 이 땅에 교회를 개척하여 열심을 다하여 사명을 감당하지 않고 가만히 앉아 있으면 있는 것까지 빼앗기지만 영혼 구령을 위하여 살아서 움직이는 교회에는 반드시 성도를 채워 주신다는 것입니다.

여러분! 성도들이 오기만을 기다리지 말고 전도에 몸과 마음을 다 바쳐 세상으로 뛰쳐나갑시다. 그 모습을 보신 주님께서 교회 부흥을 허락하시고 역사하여 주실 것입니다. 누군가가 복음을 전해야 돌아올 자가 있는 것입니다. 성경은 분명히 말씀하고 있습니다. 전파하는 자가 없이 어찌 들으리요?

지금 당장 복음을 위하여 뛰쳐나갑시다.
누군가가 복음을 전해야 돌아 올 자가 있는 것입니다.
성경은 분명히 말씀하고 있습니다.
전파하는 자가 없이 어찌 들으리오?

전도의 불

필자는 그동안 많은 교회에서 전도 세미나를 인도하였습니다. 그 중 세미나에 참석한 후 전도를 하면서 체험하였던 사례를 많이 들을 수 있었는데 그것으로 인하여 필자가 오히려 큰 은혜를 받은 경우가 허다합니다. 그래서 그 체험 사례를 몇 가지 들어 보겠습니다.

시흥에서 영동교회를 담임하시는 목사님께서는 세미나에 참석 후 얼마나 전도에 열심을 다하였던지 발톱이 다 빠졌다고 합니다. 지나온 많은 세월 열심히 전도를 하지 못하였는데 이제는 오로지 주님만 바라보며 하루도 빠짐없이 전도를 하였더니 주위에서 관망만 하고 있던 목회자님들도 한 분, 두 분 가세하기 시작하여 이제는 무려 21곳의 교회가 전도의 불이 붙었다는 것입니다.

또한 인천 부평 영광교회 목사님께서는 필자의 전도 세미나에 다섯 번이나 참석하시고 난 후에 전도를 매일같이 하셨답니다. 전도지를 들고 이 집 저 집에 꽂고 다니던 중 주님이 놀라운 환상을 보여 주셨다는 것입니다.

교패가 붙어 있는 집에 전도지를 꽂으니 그곳에서 천사가 춤을 추는 것을 보게 되었으며 믿지 않는 집에 전도지를 꽂을 때는 마귀가 그 집에서 떠나가는 것을 보았다는 것입니다. 이 얼마나 귀한 은혜입니까?

여러분, 억지로라도 영혼 생명을 위하여 희생과 봉사를 아끼지 말아야 합니다. 필자의 교회 주위에도 저희 교회와 똑같은 분위기로 전도하는 교회가 많이 있습니다. 3년 전만 해도 이 지역에는 전도하는 교회가 별로 없었지만 지금은 지하 교회는 물론이요, 중형 교회, 대형 교회까지 모두가 열심히 전도하고 있습니다. 한 사람만 깨어 있어도 그 한 사람 때문에 가정이 살고 지역이 살고 나라가 산다는 것은 모두가 다 아는 사실입니다.

여러분!

전도합시다.

성령의 강한 역사가 반드시 일어난다는 것을 필자는 굳게 믿습니다.

주님을 소개하라

우리는 우리가 참으로 진실되고 오묘한 삶 속에서 살아가고 있음을 느낍니다. 기쁨과 슬픔, 거짓과 진실, 감사함 등의 숱한 일들 속에서 말입니다.

그 가운데 우리가 최고의 선을 이루는 길은 다름 아닌 우리 주님을 세상 사람들에게 소개해서 많은 이들이 마음의 문을 열고 주님을 받아들이고 믿을 수 있게 하여야 한다는 것입니다. 어려우면 어려운 대로 쉬우면 쉬운 대로 말입니다.

필자의 교회에는 참으로 감사한 일들이 너무나 많습니다. 4년 전 개척 때만 해도 한 명의 성도도 찾아오지 않던 지하에 하나님의 은혜로 성도들이 밀려 왔습니다. 그 이유는 바로 예수님 소개(전도)였습니다.

이 지역은 특별히 전도가 될 만한 요건들은 하나도 찾아볼 수가 없는 곳입니다. 왜냐하면 기존의 큰 교회들이 자리 잡고 있었으며 또한 개척 교회들이 지하마다 자리 잡고 있었기 때문입니다. 그래서 처음에는 기도 처소로만 하고자 하였는데 그것은 주님이 원하는 것이 아니라는 것을 곧 깨닫고 세상 밖으로 뛰어나가 주님을 소개하였더니 기적이 일어나기 시작하였습니다.

성도들이 하나 둘씩 등록하기 시작하였고 병든 자들에게서는 병마가 떠나가고, 사업 실패자들은 사업의 회복이, 가정불화로 인하여 이혼의 위기에 처한 가정이 화목한 가정으로, 아내를 구박하던 남편이 아내를 가장 사랑하는 남편으로 변화하는 등 수많은 기적이 일어나는 역사의 장으로 인도해 주셨습니다.

여러분!

살아계셔서 역사하시는 주님이라는 사실을 알고도 앉아만 있으시겠습니까?

지금 당장 뛰쳐나가서 주님을 소개합시다.

여러분의 교회를 기적이 일어나는 역사의 장으로 허락하시고 세워 주실 주님을 바라보며…

여러분! 지금 당장 뛰쳐나가서 주님을 소개합시다.
여러분의 교회를 기적이 일어나는 역사의 장으로 허락하시고
세워 주실 주님을 바라보며……

전도하면 하나님이 일 하신다

필자의 교회는 전도를 쉬지 않고 합니다.

전도할 때마다 느끼는 점은 "하나님 감사합니다. 이 교회를 축복하시고 열매 맺게 하여 주심을 감사합니다"라고 저절로 기도하게 하십니다. 왜냐하면 열매를 맺는 것은 우리가 하는 것이 아니라 우리는 그저 복음을 전할 뿐인데 주님이 역사하신다는 것입니다.

얼마 전 전도 왕들을 필자의 교회에서 초청하여 4주 연속 간증 집회를 가진 적이 있습니다. 그 날 느낀 점은 강사들마다 전도에 대한 생각과 실행 방법이 대동소이하다는 것이었습니다. 그것은 얼마나 인내하면서 끝까지 포기하지 않고 전도를 하였느냐에 따른 결과라고 할 수 있었습니다. 중도에 포기할 수밖에 없는 경우도 허다하게 많았지만 한 영혼 한 영혼 사랑하는 마음과 눈물, 그리고 희생을 담보로 밤낮없이 뛰었다는 것입니다.

전도 왕을 목표로 전도하였다는 것은 결코 아니었지만 한 영혼이 주님께 나와 주님 나라에 정착할 때까지 수많은 배신과 모멸감을 참아가며 혼신을 다하여 희생하며 뛰었을 때 주님께서 전도 왕으로 세워 주셨다는 것입니다. 한 영혼이 들어오면 그 영혼으로 인하여 또 다른 영혼이 계속해서 인도된다는 것입니다. 돌아오기가 힘이 들지 어렵게 돌아온 자는 쉽게 주님 곁을 떠나지 않는다는 것입니다.

전도 왕이 되기까지 우리는 참고 인내해야 합니다. 어떠한 환란과 핍박이 있더라도 인내하며 열심을 다하여 전도에 임하면 주님께서 열매를 맺어 주십니다. 어느 교회든지 전도 왕이 탄생하게 되면 그 교회는 반드시 부흥하게 되는 것을 우리는 많이 볼 수 있습니다. 모든 교회가 전도에 매진하여 봅시다. 하나님께서 돌아올 자를 만나게 하시며 반드시 보내 주신다는 것입니다. 또한 전도의 길에 하나님께서 반드시 함께하심을 잊지 맙시다.

전도하는 교회

필자는 지금 매우 기쁩니다. 왜냐하면 그간의 전도 세미나를 통하여 수많은 목사님들과 성도님들이 세미나에 참석하셨는데 놀라운 것은 전도를 어떻게 해야 할지 막막해 하며 앉아만 있던 사람들이 아주 쉬운 방법을 듣고 시행하여 지금은 많은 교회들이 부흥되고 있다는 것입니다. 참으로 감사한 일이 아닐 수 없습니다.

전도는 시작만 하면

우리 주님께서 성도들을 보내 주신다는 것을 깨닫게 되었습니다.

지난 번 서울에 있는 한마음교회에서 전도 집회를 하게 되었는데 그 교회 성도님들이 그동안 한 사람도 전도에 관심을 두지 않고 있었으나 매일같이 6명에서 10명이 전도에 참석하여 적극적으로 활동한다고 합니다. 과거 같으면 전도지를 만들어 놓았어도 오랫동안 쌓여 있어서 먼지만 가득하였으나 지금은 성도들이 전도지를 들고 나가 즐거운 마음으로 전도하는 것을 보니 목사님께서 너무나 감사하고 행복하다는 고백을 하셨습니다. 먼지가 쌓인 전도지를 다 돌리고 나서 새로운 전도지를 제작하여 전도를 하니 성도들 또한 새로운 기분으로 전도에 더욱더 박차를 가한다는 것입니다.

여러분!

전도하면 교회 분위기가 살게 됨은 물론이요 교회에 활력이 심어지게 됩니다. 그렇게 되면 자연스럽게 전도의 분위기는 불타오르게 됩니다.

온제자교회에서 전도용으로 사용하는 종이컵

필자의 교회는 매일 밤 전철역에 나가서 뜨거운 차를 나누어 주기 때문에 컵이 많이 필요합니다. 그래서 교회 로고와 교회를 알리는 아름다운 컵을 제작하였습니다. 그 컵을 가지고 많은 사람들에게 차를 나누어 줌으로써 교회에 대한 인식과 교회를 알리는 방법을 모색한 것입니다. 우리 주님을 알리기 위해서는 모든 방법을 동원하여 최선을 다하여야 할 것입니다.

여러분!

늘 목표를 세워서 열매가 맺힐 때까지 지속적으로 전도에 매진합시다. 2008년도에는 모든 교회를 전도하는 교회로 만듭시다. 그리하여 부흥의 기적을 맛보지 않으시겠습니까?

성령님을 의지하라

많은 사람들이 이구동성으로 이렇게 말합니다. "전도를 해 보아도 아무 소용이 없다"라고 말입니다. 또한 대부분 한계를 쉽게 느끼고 중도에 포기해 버립니다.

필자는 절대로 그렇지 않다고 말하고 싶습니다. 왜냐하면 전도는 자신이 하는 것이 아니기 때문입니다.

자기가 한다고 생각하면 정말 힘이 들어 쉽게 포기하게 됩니다. 그러나 매일 기도하면서 성령님을 의지하고 하면 전도는 정말 즐거운 것입니다. 쉬지 않고 기도하며 성령님을 의지하고 나아가야 하기 때문입니다. 때가 차고 기한이 차게 되면 반드시 해산의 역사가 일어나는 것은 성령님이 움직여 주시기 때문입니다.

성령님은 강한 자석과도 같은 분이십니다.

성령님을 의지합시다.

인도해 주십니다.

필자는 과거에 깡패로 이름난 사람을 전도한 적이 있었습니다. 끝까지 돌아오지 않을 것 같았지만 주님이 역사하시니 그도 별 수 없이 주님께 나오게 되었고 그의 어머니, 동생, 그가 알고 있는 모든 사람들이 주님께 인도 되는 것을 보았습니다. 성령님은 이렇듯 놀라운 일을 보여 주시는 분이십니다.

성령님을 마음속에 사모하며 세상에 나가 보세요. 주님께 인도해야 할 자, 예비 된 영혼을 만나게 되고 보게 됩니다. 전도는 내가 하는 것이 아니며 내가 하려고 하면 실패는 말할 것도 없습니다.

내가 아닌 성령님으로 바뀔 때 전도의 현장에서 어떠한 핍박이 있더라도 기적의 역사가 일어나는 것입니다.

필자는 전도하러 나갈 때마다 느끼는 것이 있습니다. 그것은 가는 곳마다 성령님이 함께해 주시고 지역을 완전히 파악하고 장악하게 해 달라고 기도할 때 영혼 구원의 역사가 일어난다는 것입니다. 전도하면 성령님이 교회를 부흥시켜 주시고 언제나 즐거움이 넘쳐나며 살아 있는 교회로 변화시켜 주신다는 것입니다.

여러분! 잠자는 교회, 죽은 모습의 교회 그대로 있지 마시고 전도하여 생기를 불어 넣어서 살아서 움직이는 교회로, 부흥하는 교회로 변화시켜 봅시다.

영적 어부가 되어라

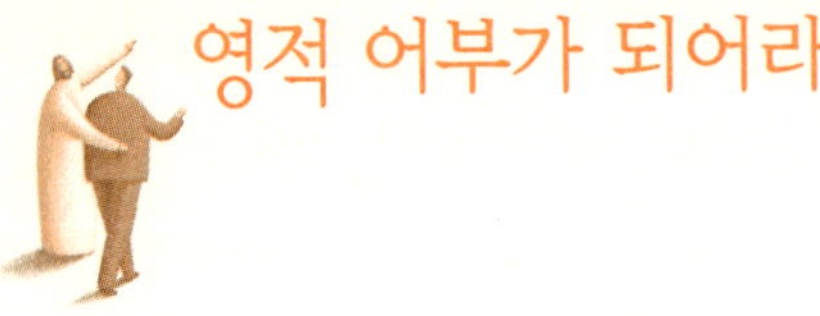

어부는 바다나 강으로 나가야 물고기를 잡을 수 있듯이 영혼을 사랑하는 사람은 반드시 세상을 향하여 나갈 때 사람을 낚는 어부가 될 수 있습니다. 세상에는 지금 우리를 기다리는 영혼들이 수도 없이 많이 있습니다.

그들은 삶의 한가운데서 갈급해 하며 누군가가 그 갈급함을 해소해 주기만을 기다리고 있습니다.

필자가 교회에 있는 화초에 관심을 가진 적이 있었습니다. 그런데 그 화초도 관리자의 손길과 관심을 기다리며 바라고 있다는 것입니다. 화초의 잎이 시들어 늘어지기 시작할 때 물을 주게 되면 금방 잎이 싱싱하게 소생한다는 것입니다.

지금 세상에는 이 화초와 같이 환난과 고난의 삶에 찌들어 고통 받고 있는 수많은 영혼들이 있습니다. 그들에게 복음을 전하여 그 고통으로 인한 갈급함에서 즉, 사망에서 생명으로 인도해 보시지 않으시겠습니까? 그들은 지금 예수님을 알지 못하고 영혼이 죽어가고 있습니다. 그 예수님을 우리가 전해 주어야 하지 않을까요?

오직 예수, 우리를 대속하여 십자가에 못 박히신 예수님만이 우리를 사망에서 영생으로 인도하신다는 것을 알려 주어야 할 의무가 있습니다. 왜 이 땅에 교회를 세우셨는가를 생각해 보셨습니까? 영혼 구원입니다. 주님이 이 세상에 오신 목적은 영혼을 뜨겁게 사랑하시기 때문입니다. 죽어가는 영혼을 구원하시기 위해서 오신 것입니다.

여러분! 교회 부흥을 원하시지요? 영혼 사랑하는 교회가 되어 우리 모두가 영혼 사랑하는 마음으로 복음을 전합시다. 주님께서 가장 원하시는 일이므로 교회 부흥을 허락하시고 역사하여 주실 것입니다. 우리 모두 영혼을 낚는 어부가 됩시다.

간절히 그리고 사랑으로…

지금 세상에는 환란과 고난의 삶에 찌들어
고통 받고 있는 수많은 영혼들이 있습니다.
그들에게 복음을 전하여
사망에서 생명으로 인도해 보시지 않으시겠습니까?

무조건 뛰쳐나가자

필자에게 많은 목회자들이나 성도들이 전도의 방법에 관하여 물어보십니다. 대부분이 한 가지 방법에 집착하여 고집하시는 분들이 많습니다. 그러나 저는 많은 분들에게 이렇게 대답해 드립니다.

"무조건 나가세요. 나가서 만나세요. 그리고 말하세요. '예수님 믿으세요' 라고 말입니다. 그러고 나서는 내가 하려고 하지 말고 주님께 맡기세요"라고 말입니다.

최소한 밭에 씨를 뿌리는 수고는 아끼지 않아야 하지 않겠습니까? 그럴 때 주님께서 비를 주시고 햇볕도 허락하셔서 싹이 나고 열매를 맺게 하신다는 것입니다. 씨를 뿌리면 주님께서 교회 부흥을 허락하신다는 것을 염두에 두고 나가서 전도하면 반드시 싹이 나서 꽃이 피고 열매가 맺힌다는 것입니다.

결론적으로 복음의 씨를 뿌리지 않으면 절대로 열매를 기대할 수 없습니다. 그러므로 우리는 부지런히 지속적으로 복음의 씨를 뿌려야 합니다. 복음의 씨를 뿌리러 나가는 농부가 많으면 많을수록 많은 열매를 맺고 교회 부흥의 역사도 일어난다는 것입니다. 무조건 나가서 씨를 뿌려야 합니다. 언제 어디서나 누구에게나 씨를 뿌리면 열매가 맺힌다는 것은 당연한 결과입니다. 여러분 자신도 한 번 둘러보세요. 여러분도 누군가가 복음을 전했기 때문에 주님의 자녀가 된 것 아닙니까?

필자도 복음의 소식을 전해 듣고 7년이란 세월이 흘러서야 주님의 품에 안겼습니다. 나의 친구가 주위 환경이나 나의 눈치나 보면서 복음을 전하지 않았다면 절대로 돌아오지 않았을 것입니다. 무조건 끈질기게 주님을 소개해 준 친구의 전도로 인해 어느 순간 무너진 것입니다.

망설이지 마세요. 내일로 미루지 말고 지금 바로 지체 없이 달려 나가서 복음을 전하세요. 지금도 세상에는 많은 영혼들이 주님의 복음을 목마르게 기다리고 있습니다.

지금 나갑시다. 복음의 소식을 듣고 뛰쳐나갑시다. 복음을 애타게 간구하는 영혼을 위하여 교회의 부흥을 위하여 무조건 뛰쳐나갑시다.

Point 62

"무조건 나가세요, 나가서 만나세요, 그리고 말하세요.
'예수님 믿으세요.' 라고 말입니다.
그리고 나서는 내가 하려고 하지 말고 주님께 맡기세요!"

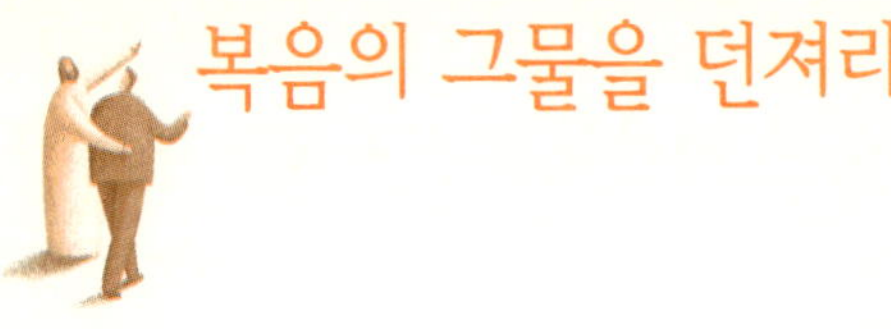

복음의 그물을 던져라

필자는 전도 세미나를 많이 인도하고 있습니다. 그런 가운데 많은 분들을 만나서 상담을 해 보면 하나같이 그물 손질에 너무나 많은 시간을 낭비하고 있다는 것입니다.

예수님께서는 필요에 따라 제자들을 선택하여 사용한 것을 성경을 통하여 발견할 수 있는데 그 사람의 실력이나 능력으로는 사용할 수 없지만 그 사람의 살아온 삶을 통하여 맡겨진 사역과 사명을 담당시켰다는 것입니다.

요즘 목회자들이나 전도자들께서는 환경 탓을 참으로 많이 하고 있습니다. 지금 현재의 현실이나 고정관념에서 벗어나려고 하지 않고 너무나 환경에 집착하여 시간을 낭비하고 있는 듯합니다.

필자는 개척 시 '맨손과 의지로 내가 무엇을 할 것인가? 어떻게 진행시켜야 할 것인가?' 를 빨리 파악하지 못하고 실행에 옮기지 않았다면 오늘의 부흥은 없었으리라고 생각합니다.

여러분!

부흥에 대한 꿈만 가지고 행함이 없다면 부흥의 역사는 일어나지 않는다는 것입니다. 모든 목회자들은 부흥을 갈망할 것입니다. 그러나 꿈만 꾸고 앉아서 실행하지 않는다면 시간은 기다리지 않고 저 멀리 도망가 버린다는 것입니다.

그것은 바로 복음의 그물을 들고 나가서 던지라는 것입니다. 그물만 만지작거리며 한 번도 사용하지 않으면 무슨 소용이 있겠습니까?

성경에 나오는 베드로를 보면 그는 성격이 매우 급한 자였습니다.
예수님께서는 그에게 처음 만난 이후로는 사람 낚는 어부가 되라고 하셨습니다. 앞으로 영혼 구령을 위해 살라고만 하셨습니다.
여러분!
그물 손질에 시간만 낭비하지 말고 지금 바로 복음의 그물을 들고 나가 세상을 향해 던져 봅시다. 주님께서 부흥의 기쁨을 약속하여 주실 것입니다.

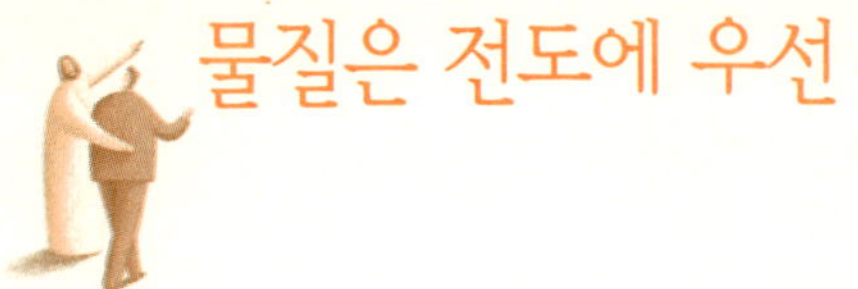

물질은 전도에 우선 사용

필자의 교회는 물질을 사용하는데 있어서 제일 우선순위를 전도에 두고 있습니다.

전도하는 것보다 귀한 것이 없기 때문입니다.

세상을 궁극적으로 무엇을 위해 살며 어디를 향하여 달려가는지를 모르고 살아가는 사람들이 너무나 많이 있는 것을 볼 수 있습니다. 다시 말하면 예수를 모르고 살다가 죽어가는 영혼이 너무나도 많다는 것입니다. 영원히 활활 타오르는 불꽃 가운데로 떨어진다는 것이지요.

믿음의 삶을 살아가는 우리는 어떻게 해야 할까요? 교회는 우선순위를 전도에 두어야 한다는 것을 명심해야 합니다. 전도에 소요되는 물질은 작은 것에서부터 큰 것까지 천차만별입니다. 그로 인하여 많은 목회자들이 전도에 필요한 물질을 확보하는 데 있어서 많은 어려움이 따르는 것 또한 부인할 수 없음을 필자는 잘 알고 있습니다. 그러나 우리가 영혼 구원을 위하여 갈급한 심정으로 주님께 구하면 우리 인간들이 상상할 수도 없을 것입니다. 그 뿐만 아니라

작은 물질이나마 다른 곳에 눈을 돌리지 말고 전도에 쾌척해 보세요. 주님께서는 물질을 10배, 100배로 채워 주실 것입니다.

여러분!

우리가 영혼 구원에 대하여 무감각해져 가만히 앉아 있지나 않은 지 돌아봅시다. 가진 것이 아무 것도 없어도 전도에 관심을 갖고 영혼 구원에 갈급한 심정을 회복해 봅시다. 주님께서 그것을 보시고 교회 부흥을 허락해 주실 것입니다. 요즈음 교회들이나 성도들이 사방이 꽉 막혀서 어렵다고들 아우성치고 있지만 전도에 목숨을 걸어 보세요. 눈앞에 산재한 모든 고난과 환난을 풀어 가는 열쇠는 전도라는 것을 명심하고 최선을 다하여 경주하여 보세요. 주님께서 뜨겁게 타오르는 교회 부흥의 역사를 허락해 주실 것입니다.

요즈음 교회들이나 성도들이 사방이 꽉 막혀서
어렵다고들 아우성치고 있지만 전도에 목숨을 걸어 보세요.
죽어있던 교회가 살아나고 사랑이 넘치는 교회로 회복될 것입니다.

방학 없는 교회

전도는 교회 부흥의 초석입니다.

전도하지 않고 부흥된 교회는 한 곳도 없습니다. 매일매일 쉬지 않고 전도한다는 것이 쉬운 일이 아니며 대단히 어려운 일이라는 것은 누구나 압니다.

그러나 새해에는 우리 모두 전도에 총력을 기울여야 하지 않을까요? 전도는 하지도 않고 주님 앞에서 무엇을 했다고 대답하겠습니까? 준비하고 실천하는 것 즉 시작이 어렵지 어느 정도 영혼 사랑을 향하는 마음으로 인내하며 지속하면 등록하는 성도가 생겨나며 교회 부흥은 저절로 이루어진다는 것입니다.

요즈음 교회와 성도들은 전도는 반드시 하여야 한다는 것을 알고는 있으면서 이런 이유, 저런 이유 등으로 전도 방학에 들어간 경우가 많이 있습니다. 봄방학, 여름방학, 겨울방학 등으로 말입니다. 예수님께서도 춥다고, 덥다고, 피곤하시다고 방학을 가졌을까요? 아닙니다.

우리 예수님께서는 방학을 모르고 지속적으로 습관적으로 전도를 하셨습니다. 그러므로 우리도 방학 따위는 잊고 꾸준히 전도하여야 한다는 것은 두 말할 것도 없습니다.

필자가 전도하는 교회와 하지 않는 교회를 살펴본바 역시 전도하는 교회는 반드시 주님이 부흥의 역사를 허락하시더군요. 그러나 그 반대의 경우는 말할 나위도 없습니다. 교회가 교회의 형상만 가지고 허상만 바라보지 않고 열매를 맺을 때 새로운 씨앗도 주시며 100배의 결실을 맺게 해 주신다는 것입니다.

다시 일어납시다. 시작 합시다. 주님의 심장박동을 느끼고 되새기며 전도합시다. 그리고 기도합시다. 그럴 때 성령님은 외면하지 않으시고 우리의 뜨거운 열정과 영혼 사랑에 대한 초점을 맞추어 주시리라 믿습니다.

전도하는 교회는 꼭 승리합니다.

여러분!

지금 이 시간 앉아서 있지 말고 복음을 들고 뛰쳐나갑시다. 교회 부흥이 눈앞에 있습니다.

Point 65

우리 예수님께서는 방학을 모르고 지속적으로 꾸준히 전도를 하셨습니다.
그러므로 우리도 방학 따위는 모두 잊고 꾸준히 전도하여
교회 부흥의 기쁨을 맛봅시다.

# 복음의 능력

성경을 보면서 한 가지 귀중한 의문을 품게 되었습니다. 바로 복음의 능력입니다.

사도 바울 역시 말씀대로 살았기에 복음의 능력이 항상 나타났다고 봅니다. 교회는 역시 복음의 능력이 회복되면 반드시 부흥이 찾아오게 됨을 알 수가 있습니다.

필자의 교회는 매주 성도가 등록되는 실정입니다. 그 이유는 복음의 능력이며 매일매일 쉬지 않고 전도하기 때문입니다. 그렇게 끊임없이 습관적으로 전도하는 교회이기 때문에 매주 등록하는 은혜를 우리에게 허락해 주신다는 것을 알게 되었습니다. 복음의 능력이 회복되면 어느 곳이든지 역사는 분명하게 일어나게 되는 것입니다. 그러므로 지속적인 전도 이외에는 복음의 능력이 없다는 것을 알게 해 주었습니다.

필자의 교회는 개개인의 전도 능력은 크지 않으나 몇 개의 조직을 구성하여 길거리나 마트, 가가호호를 순회하면서 전도지를 배포하는 것이 강하게 잘 이루어집니다. 그런데 많은 교회들이 이것마저도 잘 시행하지 않습니다. 정말 안타까운 일이라고 말하지 않을 수가 없습니다. 마음과 행동이 수반되어 매일매일 전도에 임하면 정말 값진 수확을 할 수 있을 것입니다.

필자의 교회는 모든 프로그램을 전도에 맞추고 오직 영혼 사랑의 공동체로 거듭나려고 항상 노력하고 있습니다. 오직 사랑

하는 마음으로 전도하는 것이 교회가 나아가야 할 궁극적인 목표가 아니겠습니까? 그런데 개척 교회들이 동일하게 말하는 내용이 있습니다. 그것은 일꾼이 없다는 것입니다. 필자는 과거 성도가 한 명도 없을 때에도 오로지 전도에만 전력을 다하였습니다. 그랬더니 주님께서 그것을 보시고 일꾼들을 하나, 둘 보내 주셨고 교회가 부흥되기 시작하였습니다.

일꾼이 있든지 없든지 자기 자신부터 전도를 해 보세요. 그러면 부흥은 저절로 찾아올 것입니다.

다시 일어나서 시작해 봅시다. 모든 것을 하나님께 맡기고…

Point 66

필자는 과거 성도가 한 명도 없을 때에도 오로지 전도에만 전력을 다하였습니다. 그랬더니 주님이 그것을 보시고 일꾼들을 하나 둘 보내 주셨고 교회가 부흥되기 시작하였습니다. 일꾼이 있든지 없든지 자기부터 전도해 보세요. 그러면 부흥은 찾아 올 것입니다.

기도와 전도

필자의 교회는 개척 때부터 지금까지 매일 지속적으로 하는 일이 있습니다. 그것은 다름 아닌 매일 밤 9시 기도회와 새벽 5시 기도회입니다.

한 시라도 기도불이 꺼지면 교회에는 크고 작은 문제들이 일어나는 것을 볼 수가 있습니다. 또한 기도함으로 인하여 모든 문제가 해결되는 것도 볼 수 있습니다. 또한 기도하기 때문에 지속적인 전도가 이루어진다는 것입니다. 이 두 가지는 뗄래야 뗄 수 없는 크나큰 관계로 이루어져 있습니다. 그래서 기도와 전도의 불이 타오르는 교회는 부흥이 계속될 수밖에 없습니다.

필자의 교회는 모이면 부르짖고 흩어지면 전도하는 교회로 자리를 굳혀 가고 있습니다. 처음부터 기도와 전도에 전심전력을 다한 결과 교회 부흥의 기적을 맛볼 수 있었습니다. 이제 매주 등록하는 성도가 끊어지지 않으니 얼마나 감사한지 말로 표현할 수가 없습니다.

우리 모두 기도와 전도로 교회 부흥과 주님 나라 확장의 꿈을 이루어 봅시다. 처음은 미약하지만 반드시 끝은 창대하리라는 말씀과 같이 기도와 전도로 세워진 교회는 절대로 무너지지 않습니다.

필자의 교회 주변에도 크고 작은 교회들이 많이 있습니다. 그렇지만 기도는 매일 하지만 전도를 매일 하는 교회는 그리 많지 않으며 찾아보기가 힘이 들 정도입니다. 전도는 방학도 절기도 없습니다. 날씨가 춥다는 핑계로 전도하는 교회를 찾아보기가 힘이 든다는 것이죠. 이제 전도하는 교회로 다시 태어납시다.

필자의 교회는 매일 하루도 거르지 않고 성도들이 솔선수범하여 전도하는 교회로 소문이 나 있습니다. 전도하면 기적이 일어나며 가정이나 교회에서 필요한 모든 것을 채워 주신다는 것을 명심하고 심기일전하여 기도와 전도에 매진하여 교회 부흥을 이루어 봅시다.

할렐루야!!!

기도와 전도는 뗄레야 뗄 수 없는 불가분의 관계로 이루어져 있습니다.
그래서 기도와 전도의 불이 타오르는 교회는 부흥이 계속 될 수밖에 없습니다.

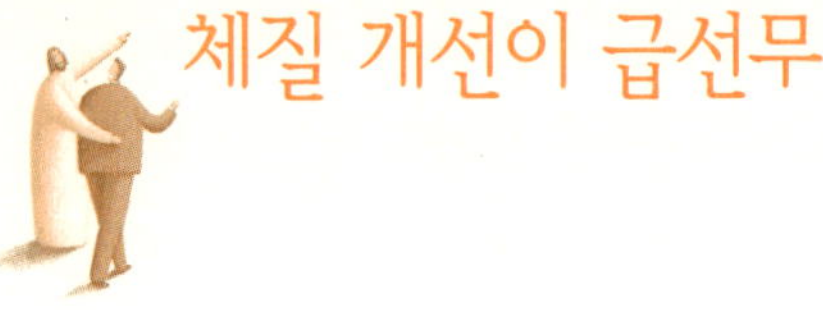

체질 개선이 급선무

교회가 부흥되기 위해서는 먼저 체질 개선이 급선무라 할 수 있습니다. 그러면 어떻게 체질 개선을 하느냐 하는 것입니다. 특히 누가 먼저 전도의 체질 개선을 하느냐인데 그 가운데 가장 중요한 것은 그 교회 목회자가 영혼 구령에 어느 정도 관심을 두느냐에 따라 교회 부흥은 크게 달라질 수가 있습니다. 그러므로 관심을 두고 매일 같이 행동에 옮긴다면 반드시 부흥의 기쁨을 맛볼 수가 있습니다.

교회의 부흥은 원하면서 전도를 하지 않는다면 교회가 어떻게 부흥을 할 수가 있겠습니까? 말로만 하는 전도는 절대로 되지 않습니다. 행동이 반드시 수반되어야 하는 것입니다.

필자는 전도에 대하여 전반적인 계획을 세우는데 많은 시간을 할애하고 있습니다. 성도들이 할 수 있는 여건과 마음을 항상 가질 수 있도록 도우미 역할이 되어 영적, 물적으로 채워 주며 쉬지 않고 지원할 때 성도들 또한 최선을 다해 전도에 임한다는 것입니다. 저절로 부흥이 찾아온다면 얼마나 좋겠습니까? 성도들에게 말씀만 열심히 준비하여 먹이기만 할 때 부흥이 찾아온다면 얼마나 좋겠습니까? 그렇습니다. 세상 밖으로 나가서 외치지 않으면 누가 들을 수 있겠습니까?

목회자들이여!

우리 주님을 자랑하며 외쳐 봅시다. 그 분을 자랑해야 하지 않겠습니까? 필자는 어느 교회 권사님으로부터 이런 간증을 듣게 되었습니다. 교회는 개척하였는데 한 번도 목사님이 전도하러 밖에 나가시지 않으니 교회의 부흥이 일어나지 않음은 물론이요 그 답답한 심정을 어떻게 해소하여야 할지 모르겠다는 것입니다.

우선적으로 전도의 체질화가 되어 있을 때 꼭 그런 성도님들을 보내 주셔서 교회 전체가 전도하는 교회로 체질이 개선되어서 부흥하는 예를 많이 보았습니다.

여러분!

지금 당장 결단하고 마음을 다하고 뜻을 다하여 그 나라와 그의 의를 구합시다. 영혼이 쓰러져 가고 있는 것을 보고만 계시겠습니까? 천국으로 인도하여야 하지 않겠습니까? 이제 부흥을 기대하면서 결단합시다. 부흥은 목전에 있습니다.

Point 68

교회 부흥을 위해서는 전도에 대한 체질 개선이 급선무라 할 수 있습니다.
그 교회 목회자가 영혼 구령에 어느 정도 관심을 두느냐에 따라
교회의 부흥은 크게 달라질 수가 있습니다.

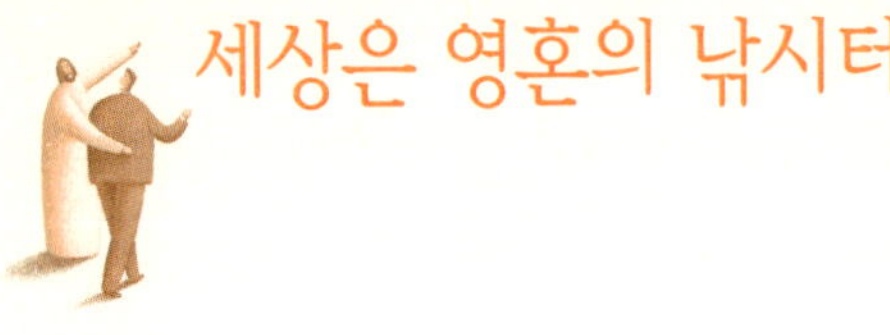

세상은 영혼의 낚시터

필자는 오늘도 전도지를 들고 다니면서 만나는 사람마다 전도지를 건네주고 가가호호 대문마다 꽂으면서 절실히 느끼는 점이 하나 있습니다.

그것은 바로 온 세상이 영혼의 낚시터라는 것입니다. 낚시꾼이 강이나 바다에서 낚시를 하는 것처럼 말입니다. 우리 주님께서 베드로를 처음 만나자마자 그에게 "이 후로는 사람 낚는 어부가 되라"고 말씀하신 것이 생각납니다.

필자 또한 학창시절에 매일 강가에서 즐겁게 낚시하던 일이 생각납니다. 한 종류의 미끼로는 고기가 잡히지 않을 때가 있었습니다. 지렁이로 안 되면 떡밥을, 떡밥이 안 되면 또 다른 미끼를 사용하였던 것입니다.

필자가 전도지를 매월 새롭게 제작하게 된 이유는 똑같은 전도지를 지역에 배포하였더니 길거리마다 전도지가 땅에 떨어져 나뒹굴고 있었기 때문입니다. 그래서 매월 전도지를 제작할 때마다 새롭게 만들었더니 많은 분들이 매번 받을 때마다 흥미롭게 여기며 관심을 가지고 길거리에 버리지 않습니다.

그렇습니다. 전도지야말로 세상의 영혼을 낚는 낚시 바늘의 미끼와 같은 것입니다. 그러므로 전도지를 제작할 때마다 새롭게, 아름답게, 성의 있게 꾸며서 제작하여 최고의 효과를 거두어야 할 것입니다. 교회가 어떤 곳인지 과연 인간들에게 무엇을 가르쳐주는 곳인지를 아주 자연스럽고 거부감 없게 소개해 주는 매체가 되어야 하지 않을까요? 낚시꾼이 강이나 바다에 나가면 반드시 고기를 잡아와야 하지 않을까요? 그럴 때는 낚시할 때 사용할 미끼를 다시 한 번 점검해야 합니다.

영혼의 낚시에 문제가 있을 때는 전도지를 다시 한 번 새로운 방향으로 제작해야 하지 않을까요?

여러분!

제작할 때마다 새로운 전도지, 아름다운 전도지를 성의 있게 최선을 다하여 제작하여 세상이라는 낚시터에 던져 봅시다. 세상에는 수많은 영혼들이 기다리고 있습니다.

전도지야 말로 세상의 영혼을 낚는 낚시 바늘의 미끼와 같은 것입니다.
그러므로 제작 할 때 마다 새롭게, 아름답게,
성의 있게 꾸며서 제작하여 최고의 효과를 거두어야 할 것입니다.

전도가 최우선 순위

필자의 교회는 제일 우선순위를 전도에 두고 있습니다. 전도가 얼마나 중요한가를 실감케 한 경우는 정말 많이 봅니다. 육신의 병에 걸려 죽을 수밖에 없는 그들이 어떻게 해결 받았는지를 들어 보면 대부분 전도를 하다 해결 받았다는 것입니다.

지상명령 중에서 전도가 제일 우선이기 때문입니다. 주님이 이 세상에 오신 목적은 오직 영혼 사랑, 영혼 구원이라는 것입니다. 그러므로 우리는 영혼을 사랑하는 마음으로 전도하여 많은 영혼을 주님께 인도하여야 한다고 생각합니다.

필자는 4년 전 개척할 당시부터 오직 전도만 하였습니다. 전도를 하지 않으면 큰일난다는 생각으로 밤낮을 가리지 않고 지속적으로 전도를 하였습니다. 그것은 나 자신과의 큰 싸움이었습니다. 왜냐하면 처음부터 그렇게 쉽지가 않았으며 말처럼 또한 되는 것이 아니었기 때문입니다.

하나님 나라는 노력한 만큼 역사합니다. 그러므로 중도에 포기해서는 절대 안 됩니다. 성경에서 보는 사도 바울처럼 끝까지 전진하는 믿음이 있을 때 비로소 열매를 맺게 되는 것입니다.

필자는 교회 부흥이 저절로 되는 경우는 없다고 봅니다. 다른 일에 바쁘지 말고 영혼 구원을 최우선시하고 초점을 맞추어 전도에 최선을 다한다면 주님께서 교회 부흥의 역사를 이루어 주실 것이라고 믿습니다.

여러분! 지금 이 시간 하나님 나라를 바라보십시오. 다른 일에 사로잡혀 앉아 있을 수만 있습니까? 지금 당장 세상 밖으로 나가 보세요. 지옥에 갈 영혼들이 너무나 많습니다. 그들을 천국으로 인도해야 할 사명감을 느끼지 않습니까? 전도합시다. 주님 사랑을 전합시다. 그리하여 교회 부흥과 주님 나라의 왕성함을 통하여 주님께 영광을 돌려 보시지 않으시겠습니까? 할렐루야! 반드시 승리합시다.

교회에서 인형극을 보고 있는 어린이들

Point 70

지상 명령 중에서 전도가 제일 우선입니다.
주님이 이 세상에 오신 목적은 오직 영혼 사랑, 영혼 구원이라는 것입니다.
그러므로 우리도 영혼 사랑의 마음으로 많은 영혼을
주님께 인도하여야 하지 않을까요?

바울의 전도법

성경에 나오는 바울은 전도를 어떻게 하였을까요? 바울은 말 그대로 죽을 각오를 다하여 전도를 하였습니다. 그는 감옥에 투옥되어서까지도 모든 것을 버리고 사력을 다하여 주님을 증거 하였습니다. 운동선수가 링 위에 올라가서 피가 터져 흘러내리더라도 쓰러질 때까지 사투를 하는 모습과 다를 바 없었습니다.

필자는 바울의 전도하는 모습을 상기하면서 우리도 바울과 같이 전도에 매진한다면 복음의 역사는 반드시 일어날 것이라고 생각합니다. 얼마 전 필자는 세미나에 참석하였던 몇몇 목사님들의 간증을 듣고 깜짝 놀라지 않을 수 없었습니다. 그들은 세미나를 듣고 지금까지 5개월 동안 하루도 빠짐없이 가가호호 전도를 하였더니 하나님의 사업이라 그런지 모든 어려운 일이 풀리고 교회의 모든 것을 주님이 인도하여 주셔서 이제는 살맛이 난다는 것이었습니다.

바울이 어떠한 역경 속에서도 전도를 지속적으로 할 수 있었던 것은 전도의 불을 받았다는 것입니다.

"오직 성령이 너희에게 임하시면 권능을 받고 예루살렘과 사마리아와 땅 끝까지 이르러 내 증인이 되리라"고 하시는 말씀같이 또한 성령의 역사였던 것입니다.

　　전도는 우리의 심령에 성령의 불이 임하고 전도의 불이 지펴져야 한다는 것입니다. 필자 또한 전도는 삶의 체험을 가져다주는 최고의 원인 제공의 한 부분이라고 생각합니다. 매일같이 전도한 바울은 기적의 표적을 맛보았고 함께한 동역자들에게도 주님께서 모든 것을 채워 주셨습니다. 필자 또한 전도를 통하여 날이면 날마다 주님이 주시는 기적의 역사를 체험하고 있습니다.

　　여러분!

　　전도하여 주님이 주시는 기적의 역사를 맛보지 않으시겠습니까?

나눔의 역사

나눔의 기쁨은 나누어 본 자만이 알 수 있으며, 주님이 주시는 기적을 맛볼 수가 있습니다.

필자의 교회는 콩 한 조각이라도 그냥 남아 있어 본 적이 없습니다. 항상 이웃이나 타 교회와 나누었습니다. 그러자 역시 하나님은 가만 계시지 않으셨습니다.

초대 교회가 나눌 때 역사가 일어났던 것처럼 나누기만 하였더니 우리 주님은 상상을 초월할 만큼의 복으로 은혜를 내려 주신 것입니다.

2008년 한 해 동안에는 지속적인 나눔으로 인하여 필자의 교회는 말할 수 없는 감사의 해요, 기적의 해가 되었습니다. 처음에 일곱 상자라는 많지 않은 사과를 받아서 한 상자만 남기고 모두 나누었더니 몇 배의 축복으로 변하여 1톤 트럭 13대를 보내 주셨습니다. 그 뿐만 아니라 샴푸와 린스를 8천여 개나 보내 주셨고, 액세서리나 화장품 등 다양한 종류의 전도용품을 보내 주신 것입니다. 복음을 위하여 작으나마 나누었더니 주님께서 우리에게 삼십 배, 육십 배, 백 배의 축복을 허락하신 것입니다.

나누라! 이 한마디의 말을 되새기며 계속 나눈 것뿐입니다.

전도는 나누는 것입니다. 차 한 잔, 호떡 한 개, 팝콘 한 봉지를 복음과 함께 나누는 희생을 감수하다 보면 그것을 보고 계시는 주님은 결코 외면하지 않는다는 것입니다.

그러므로 주의 나라 확장과 왕성을 위하여 남김없이 나누어 보세요. 개인의 삶에도 나눔이 있을 때 서로 간에 신뢰감이 생기고 사랑이 움튼다고 합니다. 하물며 사랑을 최고의 선으로 꼽는 우리 교회에서야 말할 것도 없는 것이 아니겠습니까? 한 조각을 받았다면 반을 잘라 내어야 그 잘려진 상처 속에서 가지가 나고 꽃이 피어 열매를 맺지 않겠습니까?
여러분!
지금이라도 움켜지고 망설이지만 말고 두 손을 활짝 펴서 나누어 보세요. 나눔으로 인하여 교회 부흥은 물론이요, 주님 나라 확장의 기쁨을 맛볼 수 있을 것입니다.

온제자교회

예/수/안/에/서/좋/은/일/이/있/으/리/라

생활속의 지혜

땀 냄새 제거는...

땀을 많이 흘리면 자연히 몸에서 땀 냄새가 많이 난다.
이런 사람은 외출하고 돌아와서 몸을 씻을 때 마지막 헹구는 물에 식초를
몇 방울 타서 몸을 씻으면 피부에도 좋고 땀 냄새도 깨끗이 없어진다.

땀띠 제거는...

땀띠가 날때는 오이를 잘라서 그 즙으로 문지르면
땀띠도 없어지고 피부 미용에도 좋다.

방충망 청소는...

방충망은 쉽게 더러워지는데 닦아내도 깨끗하게 청소가 잘 되지 않는다.
이럴때는 망 한쪽에 신문지를 붙이고 반대쪽에서 진공청소기로 청소를 하면
먼지를 쉽게 제거할 수 있다.

생각케 하는 글

손가락 기도

"엄마! 기도는 어떻게 해요?"
라고 꼬마가 묻자 지혜로운 엄마는 다섯 손가락을 보여주며
"기도는 이렇게 손가락을 꼽으면서 하는 것"이라고 가르쳐 주었다.

① 엄지손가락 : 심장에서 가장 가까운 손가락.
　자신을 포함해 가까운 사람들을 위한 기도. 가족, 친구, 이웃 등
　사랑하는 사람들을 위해 뜨거운 심장으로 하는 기도.

② 집게 손가락 : 무엇을 가르킬 때 쓰는 손가락.
　선생님, 경찰관, 법조인, 항해사들을 위한 기도. 미래의 방향을
　위한 기도.

③ 가운데 손가락 : 가장 긴 손가락.
　나라를 지키는 사람들이나 지도자, 어른과 윗 사람들을 위한
　기도. 또 정치인이나 경제인들을 위해서 하는 기도.

④ 약 손가락 : 가장 힘이 없는 손가락.
　병들어 있거나 슬픈일을 당해 힘을 잃고 슬퍼하는 사람들을
　위한 기도.

⑤ 새끼 손가락 : 가장 작은 손가락.
　가난하고 소외된 사람들, 장애인이나 불우 노인들을 위한 기도.
　막내 동생이나 어린이를 위한 기도.

온제자 교회는
3년 전 담임목사 가족들만의 예배를 시작으로
창립된 개척교회입니다. 그러나 지금은 매주
매주마다 새신자가 늘어 예배당을 가득
채우는 역사가 일어나고 있습니다.
「교회탐방」(복음신문)에 기사가 날
정도로 소문이 자자합니다.
고충을 함께 나누는 교회!
언제나 따뜻한 교회!
온제자교회는 지금
당신의 동참을 간절히 원합니다.

= 예배시간 =

주일낮예배	오전11:00	주 일 학 교	오후 1:30
주일오후예배	오후 7:00	중.고등부(토)	오후 5:00
수 요 예 배	오후 7:00	매일밤기도회	오후 9:00
새벽기도회	오전 5:00	청년모임(토)	오후 7:00
금 요 철 야	오후 9:00		

※ 무료 침선교(언제든지 전화하세요)

대한예수교 장로회 **온제자교회**
403-816
인천광역시 부평구 부평4동 10-571
교　회:032)506-0120
휴대폰:018-420-0191

인생의 방황은 하나님을 만나면 끝나고

표어 : 선교하며 성장하는 기적의 해

◆ 삶에 성공을 주는 교회
◆ 행복을 만들어 가는 교회
◆ 모든 사람의 만남이 있는 교회

주제 : 성령의 불 임하소서!

이 집은 살아계신 하나님의 교회요
진리의 기둥과 터이니라 (디모데전서 3:15하반절)

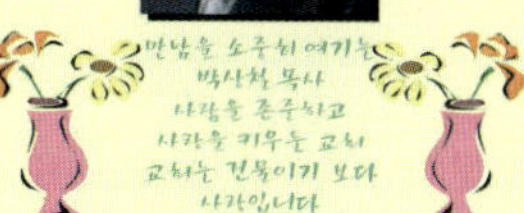

위대한 계명

예수께서 가라사대 네 마음을 다하고 목숨을 다하고 뜻을 다하여
주 너의 하나님을 사랑하라 하셨으니 이것이 크고 첫째 되는
계명이요 둘째는 그와 같으니 네 이웃을 네 몸과 같이 사랑하라
하셨으니 이 두 계명이 온 율법과 선지자의 강령이니라
(마태복음 22:37~40)

위대한 명령

예수께서 나아와 일러 가라사대 하늘과 땅의 모든 권세를 내게
주셨으니 그러므로 너희는 가서 모든 족속으로 제자를 삼아
아버지와 아들과 성령의 이름으로 세례를 주고 내가 너희에게
분부한 모든 것을 가르쳐 지키게 하라 볼지어다 내가 세상
끝날까지 너희와 항상 함께 있으리라 하시니라.
(마태복음 28:18~20)

자녀교육 십계명

일본에서 비행 청소년의 어머니로 불리는 한 여인
이 있다. 이름은 "오히라 미스요"이며 세계적인 베스
트셀러 「그러니까 당신도 살아」의 저자다.
그녀는 청소년기에 가출해 호스티스가 됐다. 그러다
가 어느 순간 타락한 삶을 정리하고 공부를 시작해
변호사가 됐다. 그런 뒤 비행 청소년을 위해 온 삶을
바쳐 헌신하고 있다. 다음은 그녀가 제시하는 자녀교
육 10대 비결이다.

1. 자녀의 입장에서 생각하라.
2. 착한 사람이 되라고만 강요하지 말라.
3. 가정은 자녀의 영원한 안식처임을 인식시켜라.
4. 자녀의 말을 믿어 주어라.
5. 당신이 항상 자녀의 편임을 인식시켜라.
6. 끊임없이 희망을 제시하라.
7. 자녀 앞에서 초조한 모습을 보이지 마라.
8. 잘못된 것은 근본부터 고쳐 주어라.
9. 혼자 고민하지 말고 많은 대화를 나눠라.
10. 무언의 구조 신호를 보낼 때 그것을 놓치지 말라.

신앙의 방황은 좋은 교회를 만나면 해결됩니다

『골짜기 없는 인생은 봉우리도 없다!』

꼬마 소년 다윗이 거인 골리앗을 물리칠 것으로 예상한 사람은 아무도 없었다.
다윗의 무기는 고작 돌팔매였다. 사람들은 다윗에게 충고했다.
"골리앗은 너무 크고 강하다(too big to bit)"
그러나 다윗의 생각은 달랐다.
"그는 몸집이 너무 커서 돌팔매가 빗나갈 수 없다(too big to miss)"
사람들은 골리앗의 큰 몸집에 겁을 먹었다.
그러나 다윗은 골리앗의 큰 체구가 오히려 돌팔매에 맞을 가능성이 크다고 생각을 했다.
역시 다윗의 돌팔매는 골리앗의 머리에 명중을 했던 것이다.

당신이 길을 잃을 때...

"산에서 길을 잃으면 오히려 산위로 올라가야 하네. 산위에 올라가면 자신의 위치와 길이 한 눈에 보인다네. 물론 보이지 않던 마을도 볼수가 있지. 인생의 길도 마찬가지라네. 고난을 당하면 당황하지 말고 산위로 올라가야 하네. 인생의 산위란 예수 그리스도의 십자가가 있는 은혜의 언덕이라네"

표어 : 하늘의 아름다운 보고가 열려
응답이 쏟아지는 해 (신28:12)

◈ 삶에 성공을 주는 교회
◈ 행복을 만들어 가는 교회
◈ 모든 사람의 만남이 있는 교회

주제 : 백배의 축복받는 해!

이 집은 살아계신 하나님의 교회요
진리의 기둥과 터이니라 (디모데전서 3:15하반절)

위대한 계명

예수께서 가라사대 네 마음을 다하고 목숨을 다하고 뜻을 다하여
주 너의 하나님을 사랑하라 하셨으니 이것이 크고 첫째 되는
계명이요 둘째는 그와 같으니 네 이웃을 네 몸과 같이 사랑하라
하셨으니 이 두 계명이 온 율법과 선지자의 강령이니라
(마태복음 22:37~40)

위대한 명령

예수께서 나아와 일러 가라사대 하늘과 땅의 모든 권세를 내게
주셨으니 그러므로 너희는 가서 모든 족속으로 제자를 삼아
아버지와 아들과 성령의 이름으로 세례를 주고 내가 너희에게
분부한 모든 것을 가르쳐 지키게 하라 볼지어다 내가 세상
끝날까지 너희와 항상 함께 있으리라 하시니라
(마태복음 28:18~20)

만남을 소중히 여기는
박산척 목사
사람을 존중하고
사람을 키우는 교회
교회는 건물이기 보다
사람입니다

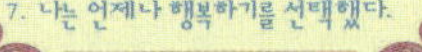

최고의 삶을 사는 7가지 단계

1. 나는 비전을 키우는 사람이다.
2. 나는 건강한 자아상을 일군다.
3. 나는 생각과 말의 힘을 발견한다.
4. 나는 과거의 망령에서 벗어날 것이다.
5. 나는 역경을 통해 강점을 찾는다.
6. 나는 베푸는 삶을 살 것이다.
7. 나는 언제나 행복하기를 선택했다.

『겨자씨』

미국의 강변교회는 매일 방
문객들로 북적인다. 이 교회
에는 종이 68개나 달린 종
각이 있다. 교회에서 한번
종을 치면 멋진 음악에 취해

복 받든 자손들   모 두

발길을 멈춘다. 이 교회는
120년 전에 세워졌다. 9세
때부터 남의 가게에서 일해
야 했던 가난한 소년의 정성
어린 헌금으로 지어졌다. 그

화합

할 수 있거든 너희로서는
모든 사람으로 더불어 평화하리
(로마서 12:18)

믿음

그 마음에는 하나님의 법이 있으니
그 걸음에 실족함이 없으리로다
(시편 37:31)

평안

너는 하나님과 화목하고 평안하라
그리하면 복이 내게 임하리라
(욥기 22:21)

생활속의 지혜

세탁물 빨리 말리기...

급히 외출해야 할때 빨래 해둔 옷이 마르지 않
아 당황한 적이 있으시죠! 이럴땐 열에 강한 두
꺼운 비닐봉지 속에 옷을 넣고 입구에 헤어드라
이어로 뜨거운 바람을 불어 넣으면서 뒤적거려
주세요.

보온병 청소하기

보온병 내부를 깨끗이 닦으려면 쌀알 한줌을
보온병에 넣고 뚜껑을 닫고 흔들어 준다.
그런 다음에 물로 헹구어 주면 깔끔하게 씻겨
진다.

생각케 하는 글

● 입은 곧 마음의 문이니 입 지키기를 엄밀히
  하지 않으면 모든 진정한 기밀이 새어 나간다.

● 부부란 두개의 반신이 되는 것이 아니고
  하나의 전체가 되는 것이다.

● 우리가 하나님을 위해 일한다고 생각하지만
  결국은 하나님께서 우리를 위해 일하시는
  것이다.

온제자교회는

3년전 담임목사 가족들만의 예배
를 시작으로 창립된 개척교회입니
다. 그러나 매주 매주마다 새신자
가 늘어 예배당을 가득 채우는 역
사가 일어나 지금은 더 넓은 새로
운 성전으로 이전하여 넘치는 축

= 예 배 시 간 =

주일오전예배	오전 11:00	매일저녁기도회	오후 9:00
주일오후예배	오후 1:30	중고등부(주일)	오전 9:30
수 요 예 배	오후 7:30	주 일 학 교	오후 9:30
금요기도회	오전 9:00	청년모임(토)	오후 6:00

대한예수교
장로회 **온 제 자 교 회**

403-816
인천광역시 부평구 부평4동 10-571

교   회:032)506-0120
휴 대 폰:018-420-0191

믿는대로 된다.
주님이 함께하는 힘!

에/수/안/에/서/종/은/일/이/있/으/리/라

온 제 자 교 회

인생의 방황은
하나님을 만나면 끝나고

신앙의 방황은
좋은 교회를 만나면 끝이납니다

만남을 소중히 여기는
박상철 담임목사
사람을 존중하고
사랑을 지키는 교회
교회는 건물이기 보다
사랑입니다.

표어 : 선교하며 성장하는 기적의 해

주님만 생각하는 교회

주제 : 성령의 불 임하소서!

이 집은 살아계신 하나님의 교회요
진리의 기둥과 터이니라 (디모데전서 3:15하반절)

위대한 계명

예수께서 가라사대 네 마음을 다하고 목숨을 다하고 뜻을 다하여
주 너의 하나님을 사랑하라 하셨으니 이것이 크고 첫째 되는
계명이요 둘째는 그와 같으니 네 이웃을 네 몸과 같이 사랑하라
하셨으니 이 두 계명이 온 율법과 선지자의 강령이니라
(마태복음 22:37~40)

위대한 명령

예수께서 나아와 일러 가라사대 하늘과 땅의 모든 권세를 내게
주셨으니 그러므로 너희는 가서 모든 족속으로 제자를 삼아
아버지와 아들과 성령의 이름으로 세례를 주고 내가 너희에게
분부한 모든 것을 가르쳐 지키게 하라 볼지어다 내가 세상
끝날까지 너희와 항상 함께 있으리라 하시니라.
(마태복음 28:18~20)

가정폭력에의 예방 10계

1. 가정폭력을 초기에 잡아라
2. 자녀들로부터 존경받는 부모가 되라
3. 쉬쉬하고 숨기지 말라
4. 호흡을 두배로 늘려라
5. 징검다리를 놓아라
6. 상대방의 성장배경을 이해하라
7. 폭력을 부모질하지 말라
8. 사랑 비타민으로 영양을 보충해 두라
9. 마라톤을 한다고 생각하라
10. 신앙을 갖도록 도와주라

행복한 결혼을 위한 10계

1. 일생의 동반자를 잘 선택하라
2. 결혼서약을 진지하게 하라
3. 침실에서 일어나는 일은 개인적인 일로 간직하라
4. 비도덕적인 일과 타협하지 말라
5. 상대보다 먼저 미안하다고 말하는 자가 되라
6. 이야기 못하 할 것은 기분좋게 솔직하게 하라
7. 각자의 역할분담을 서로 협의하여 분명하게 하되 그 실행은 융통성 있게 하라
8. 성공적인 동반자 관계를 발전시켜 나가기 위해 힘쓰라
9. 작은 일에도 친절함을 보이는 습관을 가져라
10. 당신의 결혼생활을 효과있는 것으로 만드는데 100% 헌신하라

어른들은 몰라요, 아이들의 눈 높이름...

눈높이 마케팅의 필요성을 실감케하는 영국의 실화 한 토막이 있다. 런던의 한 갤러리에서 어린이들을 위해 열린 미술전이 있었다. 전시회 도중에 흰색양복을 멋지게 치러입은 한 젊은 신사가 문을 열고 들어왔다. 어린이들을 위한 전시회에 어른이 혼자서 찾아 온 것도 낯설었지만 그 신사의 옷맵시와 기품이 사람들의 눈길을 끌기에 충분했다. 갤러리 안의 사람들은 자연히 그에게 시선이 울렸고 한쪽에선 호기심 어린 눈동자들로 깜박거렸다. 그러나 갤러리 안에 들어선 신사는 갑자기 무릎을 꿇고 엉금엉금 기어다니기 시작했다. 그런데도 그 신사는 사람들의 시선을 아랑곳하지 않았다. 하나같이 "멀쩡한 사람이 왜 저런 행동을 할까? 저 사람 혹시 정신 나간 사람 아니야?" 하는 표정이었다. 하도 무릎으로 기어다니다 보니 신사의 멋진 양복이 얼룩지고 곳곳에 구김이 갔다. 보다 못한 한 청년이 말을 걸었다. "아니 왜 멀쩡한 사람이 바닥을 기어다니세요?" "저는 이 근처에 있는 학교의 교사예요. 녀밀 아이들을 데리고 전시회를 찾아올 계획인데 먼저 아이들의 눈 높이에서 그림을 보고 싶었어요."

영국갑부 재산 절반 "약속대로 하나님께"

영국의 한 부호가 재산의 절반을 "하나님께 되돌린다"고 해서 화제다. 알버트 구벵이라는 이 부자는 영국과 아일랜드, 뉴질랜드, 미국 등지에서 슈퍼마켓을 운영하면서 4억5천 6백만 달러(약 5천여억원)를 모은 재력가이다.

그는 오늘날 영국과 아일랜드에서 유명 사업가로 변신했지만 50여 년전 2차 대전이 끝난 뒤 해군제대 당시만 해도 수중에 단 1백 파운드 밖에 없는 가난뱅이였다. 사업 시작

생활속의 지혜

화분에 으깬물 주면 잘 자라!

화분의 식물이 잘 자라지 않거나 생기가 없을 때는 마늘로 거름을 준다. 마늘 반통 정도를 으깨어 2컵 정도의 물에 희석해 조금씩 부려주면 식물이 놀랄만큼 잘 자란다.

알루미늄 냄비는 사과 껍질로...

하찮은 사과껍질이라도 버리지 않고 모아 두면 유용하게 쓸 수 있다. 바닥이 까맣게 끼든 냄비는 사과껍질과 물을 넣고 끓이면 마치 새로 산 것처럼 깨끗해 진다.

주전자의 물때는 소금으로 닦아

물주전자를 오래 쓰다 보면 거무스름한 물때가 생기는데, 이런 경우에는 스폰지에 소금을 묻혀 문지르면 깨끗이 제거된다.

생각케 하는 글

운명을 바꾼 부모교육!

1889년, 역사를 바꾸어 놓은 두 아이가 태어났다. 한 아이는 사촌간의 오스트리아인 사이에서 출생했다. 아버지를 일찍 여읜 소년은 알코올 중독자인 숙모 밑에서 성장했다. 그는 16살때 학교를 중퇴하고 극렬분자가 됐다. 그의 이름은 아돌프 히틀러, 또 다른 아이가 같은 해 미국 텍사스에서 태어났다. 부모의 '사랑'과 '관심'을 받으며

태풍과 농부

몇년전 일본에 가공할 태풍이 몰아쳤다. 가을에 불어닥친 태풍은 사과밭을 훑고 지나갔다. 수십만개의 사과가 1백50km의 풍속을 견디지 못하고 떨어져 밭밑에 나 뒹굴었다. 농부들은 낙과를 주워들고 울부짖었다. 그런데 한 농부는 태풍에도 굴하지 않도 나

온제자교회는

3년전 담임목사 가족들만의 예배를 시작으로 창립된 개척교회입니다. 그러나 매주 매주마다 새신자가 늘어 예배당을 가득 채우는 역사가 일어나 지금은 더 넓은 새로운 성전으로 이전하여 넘치는 축

= 예 배 시 간 =

주일낮예배	오전11:00	주 일 학 교	오후 1:30
주일오후예배	오후 7:00	중.고등부(토)	오후 5:00
수 요 예 배	오후 7:00	매일밤기도회	오후 9:00
새벽기도회	오전 5:00	청년모임(토)	오후 7:00
금 요 철 야	오후 9:00		

※ 무료 침선교(언제든지 전화하세요)

오서능길
◀부평구청   신복사거리   상동
로사마트   온백지교회 교육관   부평노인 복지회관
개룡초교   온제자교회 (45번 종점)   수협
부흥로타리   율산부인과

대한예수교 장로회 **온 제 자 교 회**
403-816
인천광역시 부평구 부평4동 10-571
교   회 : 032)506-0120
휴 대 폰 : 018-420-0191

『사람이 좋은 사람을 만나면
좋은 일이 일어나고
사람이 하나님을 만나면
기적이 일어난다』

예/수/안/에/서/좋/은/일/이/있/으/리/라
온제자교회

생활속의 지혜

양파썰기...

파 또는 양파를 잠시 미지근한 물에 담가 두었다가 썰면 매운 자극이 없어진다. 또한 자극으로 눈이 몹시 아리고 눈물이 나오면 냉장고 문을 열고 얼굴을 안으로 넣으면 아린 기분이 사라진다.

시금치 데칠 때는...

시금치 데칠 때 풋내가 난다. 이는 시금치 속의 수산 성분 때문이다. 시금치를 데칠 때는 더운 물 다섯컵에 한 숟갈 정도의 비율로 설탕을 넣고 데치면 풋내를 없앨 수 있다.

생각케 하는 글

사업에 실패한 중년 남자가 공원 벤치에 앉아 있었다. 그때 한 소년이 공을 높이 던져 올리는 놀이를 하고 있었다. 사내는 무슨 놀이냐고 소년에게 물었다. "하나님과 공놀이를 하고 있어요. 내가 공중으로 공을 던지면 하나님이 그것을 받아 다시 내게 던져주세요"

소년의 순진무구하고 긍정적인 답변에 그는 자신의 어린시절을 떠올렸다. 그도 한때는 소년처럼 순진한 사람이었다. 그러나 성장하면서 신앙과 긍정적인 마음을 모두 잃었다. 그는 자신의 죄를 고백하고 다시 사업을 시작해 크게 성공했다.

크리스토퍼 콜럼버스는 신대륙을 향해 떠났다. 선원들은 매일 날씨와 환경을 탓하며 불평을 터뜨렸다. 그러나 그의 항해일지는 항상 다음과 같은 글로 하루를 마감하고 있었다. "오늘도 우리는 서쪽으로 전진했다" 긍정적인 생각은 기적과 행복을 가져다준다.

온제자교회는

3년전 담임목사 가족들만의 예배를 시작으로 창립된 개척교회입니다. 그러나 매주 매주마다 새신자가 늘어 예배당을 가득 채우는 역사가 일어나 지금은 더 넓은 새로운 성전으로 이전하여 넘치는 축

= 예 배 시 간 =

주일낮예배	오전11:00	주 일 학 교	오후 1:30
주일오후예배	오후 4:00	중.고등부(주일)	오후 1:30
수 요 예 배	오후 7:00	매일밤기도회	오후 9:00
새벽기도회	오전 5:00	청년모임(토)	오후 7:00
금 요 철 야	오후 9:00		

※ 무료 차량운행(언제든지 전화하세요)

대한예수교 장로회 **온 제 자 교 회**

403-816
인천광역시 부평구 부평4동 10-571
교 회:032)506-0120
휴 대 폰:018-420-0191

표어 : 부흥·성장·양육·섬김·공동체

◆ 삶에 성공을 주는 교회
◆ 행복을 만들어 가는 교회
◆ 모든 사람의 만남이 있는 교회

주제 : 백배의 축복받는 해!

이 집은 살아계신 하나님의 교회요
진리의 기둥과 터이니라 (디모데전서 3:15하반절)

위대한 계명

예수께서 가라사대 네 마음을 다하고 목숨을 다하고 뜻을 다하여 주 너의 하나님을 사랑하라 하셨으니 이것이 크고 첫째 되는 계명이요 둘째는 그와 같으니 네 이웃을 네 몸과 같이 사랑하라 하셨으니 이 두 계명이 온 율법과 선지자의 강령이니라 (마태복음 22:37~40)

위대한 명령

예수께서 나아와 일러 가라사대 하늘과 땅의 모든 권세를 내게 주셨으니 그러므로 너희는 가서 모든 족속으로 제자를 삼아 아버지와 아들과 성령의 이름으로 세례를 주고 내가 너희에게 분부한 모든 것을 가르쳐 지키게 하라 볼지어다 내가 세상 끝날까지 너희와 항상 함께 있으리라 하시니라. (마태복음 28:18~20)

만남을 소중히 여기는
박상철 담임목사
사람을 존중하고
사랑을 키우는 교회
교회는 건물이기 보다
사랑입니다.

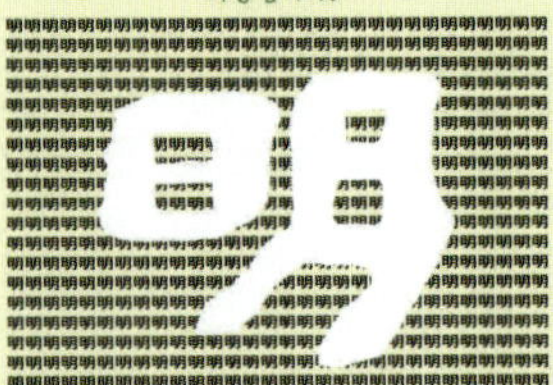

당신이 인간적인 모든 방법을 동원해 드러내고자 하는 것을 차라리 포기할 때 하나님의 큰 지우개가 당신을 비로서 빛나게 할 것입니다.

『성공의 비결』

세계적 대부호인 깁슨은 매우 가난한 가정에 태어났다. 하루는 어떤 가난한 사람이 깁슨을 찾아와 물었다. "회장님, 저도 부자가 되고 싶습니다. 그 비결을 좀 가르쳐 주십시오" 깁슨은 손님을 물끄러미

님과 성경을 의심하지 않는 믿음이 필요합니다. 이 세가지가 나를 부자로 만들었어요"

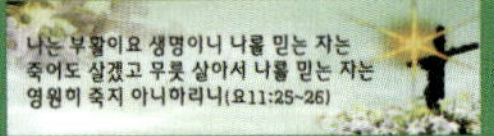

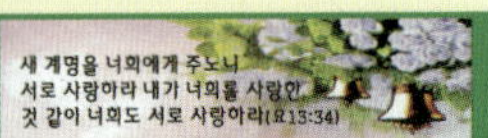

온제자교회는

3년전 담임목사 가족들만의 예배를 시작으로 창립된 개척교회입니다. 그러나 매주 매주마다 새신자가 늘어 예배당을 가득 채우는 역사가 일어나 지금은 더 넓은 새로운 성전으로 이전하여 넘치는 축

= 예 배 시 간 =

주일낮예배	오전11:00	주 일 학 교	오후 1:30
주일오후예배	오후 4:00	중.고등부(주일)	오후 1:30
수 요 예 배	오후 7:00	매일밤기도회	오후 9:00
새벽기도회	오전 5:00	청년모임(토)	오후 7:00
금 요 철 야	오후 9:00		

※ 무료 첩선교(언제든지 전화하세요)

오시는 길

대한예수교 장로회 **온제자교회**

403-816
인천광역시 부평구 부평4동 10-571
교　　회:032)506-0120
휴 대 폰:018-420-0191

인생의 방향은 하나님을 만나면 끝나고

표어 : 부흥·성장·양육·섬김·공동체

◆ 삶에 성공을 주는 교회
◆ 행복을 만들어 가는 교회
◆ 모든 사람의 만남이 있는 교회

주제 : 백배의 축복받는 해!

이 집은 살아계신 하나님의 교회요 진리의 기둥과 터이니라 (디모데전서 3:15하반절)

위대한 계명

예수께서 가라사대 내 마음을 다하고 목숨을 다하고 뜻을 다하여 주 너의 하나님을 사랑하라 하셨으니 이것이 크고 첫째 되는 계명이요 둘째는 그와 같으니 네 이웃을 네 몸과 같이 사랑하라 하셨으니 이 두 계명이 온 율법과 선지자의 강령이니라 (마태복음 22:37~40)

위대한 명령

예수께서 나아와 일러 가라사대 하늘과 땅의 모든 권세를 내게 주셨으니 그러므로 너희는 가서 모든 족속으로 제자를 삼아 아버지와 아들과 성령의 이름으로 세례를 주고 내가 너희에게 분부한 모든 것을 가르쳐 지키게 하라 볼지어다 내가 세상 끝날까지 너희와 항상 함께 있으리라 하시니라. (마태복음 28:18~20)

만남을 소중히 여기는
박 상 철 담임목사
사람을 존중하고
사랑을 키우는 교회
교회는 건물이기 보다
사랑입니다.

신앙의 방향은 좋은 교회를 만나면 해결됩니다

『투철한 신앙』

1924년 파리 올림픽. '올림픽의 꽃'인 1백m 달리기 결승전 경기가 주일로 잡혔다. 강력한 우승 후보인 영국의 에릭리는 출전 포기를 선언했다. "주일은 경기를 하지 않는다. 예배드리는 일이 더 중요하다" 결국 단연 인신 한 기 경기에 출전했다. 중거리는 자신의 주종목이 아니었다.

사랑
하나님 여호와는 오직 하나인 여호와시니 너는 마음을 다하고 충성을 다하고 힘을 다하여 네 하나님 여호와를 사랑하라 (신명기 6:4~5)

헌신
네가 진리의 말씀을 옳게 분변하며 부끄러울 것이 없는 일꾼으로 인정된 자로 자신을 하나님 앞에 드리기를 힘쓰라 (디모데후서 2:15)

찬양
할렐루야 내 영혼아 여호와를 찬양하라 나의 생전에 여호와를 찬양하며 나의 평생에 내 하나님을 찬송하리로다 (시편 146:1~2)

생활속의 지혜

식빵 자르는 법

부드러운 빵을 잘못 자르면 부스러지거나 볼품없이 된다. 이럴 때 칼을 불에 담가 잘라 보라. 그러면 부스러지지 않고 잘 잘라진다.

마늘을 쉽게 다지고 싶은데

집안의 신문지 재활용 아기

라면봉지나 과자봉지에 넣고 찧으면 효과적이다.

생각케 하는 글

- 다시 날기 위해 준비하라.
- 사람은 생각과 마음을 두는 대로 이루어 집니다.
- 승자는 구름위의 태양을 보고 패자는 구름속의 비를 본다.
- 사랑만이 진정한 승리를 가져다 준다. 맹수는 단명한다.
- 씨가 커도 죽은 씨는 싹이 나

온제자교회는

3년전 담임목사 가족들만의 예배를 시작으로 창립된 개척교회입니다. 그러나 매주 매주마다 새신자가 늘어 예배당을 가득 채우는 역사가 일어나 지금은 더 넓은 새로운 성전으로 이전하여 넘치는 축

= 예 배 시 간 =

주일낮예배	오전11:00	주 일 학 교	오후 1:30
주일오후예배	오후 7:00	중.고등부(토)	오후 5:00
수 요 예 배	오후 7:00	매일밤기도회	오후 9:00
새 벽 기도회	오전 5:00	청년모임(토)	오후 7:00
금 요 철 야	오후 9:00		

※ 무료 침선교(언제든지 전화하세요)

대한예수교 장로회 **온제자교회**

403-816
인천광역시 부평구 부평4동 10-571
교　　회:032)506-0120
휴대폰:018-420-0191

인생의 방황은 하나님을 만나면 끝나고

표어 : 선교하며 성장하는 기적의 해

- ◈ 삶에 성공을 주는 교회
- ◈ 행복을 만들어 가는 교회
- ◈ 모든 사람의 만남이 있는 교회

주제 : 성령의 불 임하소서!

이 집은 살아계신 하나님의 교회요 진리의 기둥과 터이니라 (디모데전서 3:15하반절)

위대한 계명

예수께서 가라사대 네 마음을 다하고 목숨을 다하고 뜻을 다하여 주 너의 하나님을 사랑하라 하셨으니 이것이 크고 첫째 되는 계명이요 둘째는 그와 같으니 네 이웃을 네 몸과 같이 사랑하라 하셨으니 이 두 계명이 온 율법과 선지자의 강령이니라 (마태복음 22:37~40)

위대한 명령

예수께서 나아와 일러 가라사대 하늘과 땅의 모든 권세를 내게 주셨으니 그러므로 너희는 가서 모든 족속으로 제자를 삼아 아버지와 아들과 성령의 이름으로 세례를 주고 내가 너희에게 분부한 모든 것을 가르쳐 지키게 하라 볼지어다 내가 세상 끝날까지 너희와 항상 함께 있으리라 하시니라. (마태복음 28:18~20)

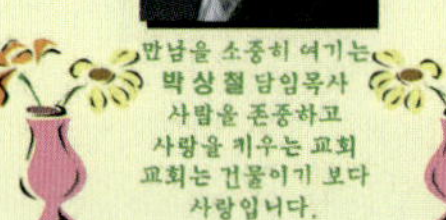

아파하는 사람

자녀 셋을 잘 키운 한 여인이 있었습니다.
하루는 심방을 온 목사님이 그녀에게 물었습니다.
"자녀 셋 중 누구를 가장 사랑했나요?" 그러자 여인이 웃으며 대답했습니다. "막내가 병들었을 때, 그때는 막내를 가장 사랑했습니다. 둘째가 집을 떠나 방황했을 때, 그 때는 둘 째를 가장 사랑했고요. 큰 아이가 학교성적과 이성문제로 괴로워

신앙의 방황은 좋은 교회를 만나면 해결됩니다

『성공의 비결』

실패한 사람은 "잘 모르겠다", "두고보자", "너 때문이다"라는 말을 자주 쓴다.

인내의 중요성 (총각비둘기)

11번이나 청혼을 거절 당했던 총각 비둘기가 다시가서 용기있게 열두

사랑의 힘은 위대하다.
사랑은 고장난 인생을 정상의 인생으로 바꾸어 놓을 수 있다.
사랑은 비극적인 인생을 희망적인 인생으로 변화시킨다.
하나님의 사랑으로 고치지 못할 사람은 아무도 없다.

"박상철 목사가 말하는 생각의 미소"

■ 명속의 금은보화는 땅 위에 올라와야 빛을 보는 것처럼 사람은 하나님께 나오면 빛을 봅니다.

■ 제일 가까운 곳에서 고통을 주는 것을 승리하면 모든 것을 승리하는 것입니다.

■ 감사는 인간의 행복을 찾는 지름길입니다.

■ 지금이 도전해야 할때 입니다.

■ 인생은 끊임없는 장애물 경기입니다. 그러나 장애물은 디딤돌로 사용하면 성공합니다.

예/수/안/에/서/좋/은/일/이/있/으/리/라

온제자교회는
4년전 담임목사 가족들만의 예배를 시작으로 창립된 개척교회입니다. 그러나 매주 매주마다 새신자가 늘어 예배당을 가득 채우는 역사가 일어나 지금은 더 넓은 새로운 성전으로 이전하여 넘치는 축

= 예 배 시 간 =

주일낮예배	오전11:00	주 일 학 교	오후 1:30
주일오후예배	오후 4:00	중.고등부(주일)	오후 1:30
수 요 예 배	오후 7:00	매일밤기도회	오후 9:00
새벽기도회	오전 5:00	청년모임(토)	오후 7:00
금 요 철 야	오후 9:00		

※ 무료 침선교(언제든지 전화하세요)

오시는 길

대한예수교 장로회 **온제자교회**

403-816
인천광역시 부평구 부평4동 10-571
교   회:032)506-0120
휴 대 폰:018-420-0191

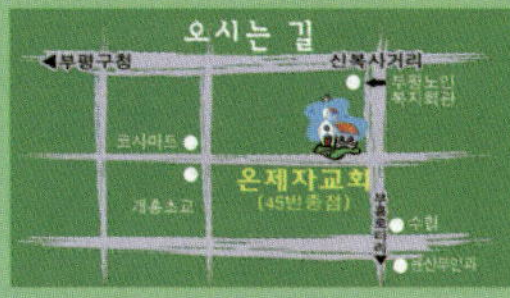

인생의 방황은 하나님을 만나면 끝나고

표어 : 부흥·성장·양육·섬김·공동체

◆ 삶에 성공을 주는 교회
◆ 행복을 만들어 가는 교회
◆ 모든 사람의 만남이 있는 교회

주제 : 백배의 축복받는 해!

이 집은 살아계신 하나님의 교회요 진리의 기둥과 터이니라 (디모데전서 3:15하반절)

위대한 계명

예수께서 가라사대 네 마음을 다하고 목숨을 다하고 뜻을 다하여 주 너의 하나님을 사랑하라 하셨으니 이것이 크고 첫째 되는 계명이요 둘째는 그와 같으니 네 이웃을 네 몸과 같이 사랑하라 하셨으니 이 두 계명이 온 율법과 선지자의 강령이니라 (마태복음 22:37~40)

위대한 명령

예수께서 나아와 일러 가라사대 하늘과 땅의 모든 권세를 내게 주셨으니 그러므로 너희는 가서 모든 족속으로 제자를 삼아 아버지와 아들과 성령의 이름으로 세례를 주고 내가 너희에게 분부한 모든 것을 가르쳐 지키게 하라 볼지어다 내가 세상 끝날까지 너희와 항상 함께 있으리라 하시니라. (마태복음 28:18~20)

만남을 소중히 여기는
박상철 담임목사
사람을 존중하고
사랑을 키우는 교회
교회는 건물이기 보다
사랑입니다.

● 예수님은 엿장수 같은 분 ●

예수님은 우리에게서 나오는 고물과 폐품 쓰레기를 받기 원하십니다.
우리의 무거운 죄보따리, 한숨, 고통, 눈물 보따리를 기쁨, 행복으로 바꾸어 주십니다.
지금도 예수님께서는 우리의 무거운 보따리를 십자가 앞으로 가지고 오길 원하십니다.

신앙의 방황은 좋은 교회를 만나면 해결됩니다

『겨자씨』

역대 마라톤 선수 중에서 가장 유명한 사람은 에디오피아의 비킬라 아베베다. 그는 올림픽 마라톤 경기에서 맨발로 코스를 완주해 당당히 우승을 차지한 전설적인 영웅이다. 그러나 아베베가 영웅으로 불리는 것은 단지 올림픽에서 우승했기 때문만은 아니다. 그는 교통사고

새로운 시작
하나님의 성소에 들어갈 때에야 그들의 종말을 내가 깨달았나이다. 주의 교훈으로 나를 인도하시고 후에는 영광으로 나를 영접하시리니(시편 73:17, 24)

지은자 되라
여호와가 너의 하나님이신 줄 너희는 알지어다 그는 우리를 지으신이요 우리는 그의 것이니 그의 백성이요 그의 기르시는 양이로다(시편 100:3)

사랑의 자녀
아버지께서 어떠한 사랑을 우리에게 베푸사 하나님의 자녀라 일컬음을 받게 하셨는가 우리가 그러하도다 그러므로 세상이 우리를 알지 못함은 그를 알지 못함이라(요한1서 3:1)

생활 속의 지혜

양파썰기...

파 또는 양파를 잠시 미지근한 물에 담가 두었다가 썰면 매운 자극이 없어진다. 또한 자극으로 눈이 몹시 아리고 눈물이 나오면 냉장고 문을 열고 얼굴을 안으로 넣으면 아린 기분이 사라진다.

시금치 데칠 때는...

시금치 데칠 때 풋내가 난다. 이는 시금치 속의 수산 성분 때문이다. 시금치를 데칠 때는 더운 물 다섯컵에 한 숟갈 정도의 비율로 설탕을 넣고 데치면 풋내를 없앨 수 있다.

생각케 하는 글

사업에 실패한 중년 남자가 공원 벤치에 앉아 있었다. 그때 한 소년이 공을 높이 던져 올리는 놀이를 하고 있었다. 사내는 무슨 놀이냐고 소년에게 물었다. "하나님과 공놀이를 하고 있어요. 내가 공중으로 공을 던지면 하나님이 그것을 받아 다시 내게 던져주세요."

소년의 순진무구하고 긍정적인 답변에 그는 자신의 어린시절을 떠올렸다. 그도 한때는 소년처럼 순진한 사람이었다. 그러나 성장하면서 신앙과 긍정적인 마음을 모두 잃었다. 그는 자신의 죄를 고백하고 다시 사업을 시작해 크게 성공했다.

크리스토퍼 콜럼버스는 신대륙을 향해 떠났다. 선원들은 매일 날씨와 환경을 탓하며 불평을 터뜨렸다. 그러나 그의 항해일지는 항상 다음과 같은 글로 하루를 마감하고 있었다. "오늘도 우리는 서쪽으로 전진했다" 긍정적인 생각은 기적과 행복을 가져다준다.

아름다운교회는 당신을 사랑합니다.
우리에겐 세번의 중요한 만남이 있습니다.
부모님과의 만남 그리고 배우자와의 만남!
그리고 영적인 만남입니다.
모두 중요하지만 영적인 만남 역시 아주 중요합니다.
아름다운 교회와 만남 그리고 김찬희목사님과의 만남은
절대로 후회없는 만남이며 일생에 있어서
가장 가치 있는 만남이 될것입니다.
지체말고 오십시오.

= 예 배 시 간 =

주일낮예배	오전11:00	새벽기도회	오전 5:00
주일오후예배	오후 2:30	청년예배(주일)	오후 2:30
수 요 예 배	오후 7:00	주 일 학 교	오전 9:00
금 요 예 배	오후 9:00	중.고등부(주일)	오전 9:00

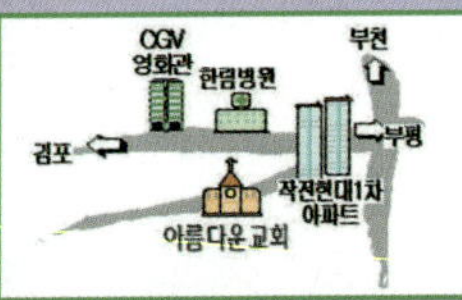

대한예수교 장로회 **아름다운교회**
인천광역시 계양구 작전동 897-2
교　　회:032)548-8591
휴 대 폰:010-9769-8291

인생의 방황은 하나님을 만나면 끝나고

신앙의 방황은 좋은 교회를 만나면 해결됩니다

표어 : 부흥·성장·양육·섬김·공동체

- ◆ 삶에 성공을 주는 교회
- ◆ 행복을 만들어 가는 교회
- ◆ 모든 사람의 만남이 있는 교회

주제 : 백배의 축복받는 해!

이 집은 살아계신 하나님의 교회요
진리의 기둥과 터이니라 (디모데전서 3:15하반절)

위대한 계명

예수께서 가라사대 네 마음을 다하고 목숨을 다하고 뜻을 다하여 주 너의 하나님을 사랑하라 하셨으니 이것이 크고 첫째 되는 계명이요 둘째는 그와 같으니 네 이웃을 네 몸과 같이 사랑하라 하셨으니 이 두 계명이 온 율법과 선지자의 강령이니라

(마태복음 22:37~40)

위대한 명령

예수께서 나아와 일러 가라사대 하늘과 땅의 모든 권세를 내게 주셨으니 그러므로 너희는 가서 모든 족속으로 제자를 삼아 아버지와 아들과 성령의 이름으로 세례를 주고 내가 너희에게 분부한 모든 것을 가르쳐 지키게 하라 볼지어다 내가 세상 끝날까지 너희와 항상 함께 있으리라 하시니라.

(마태복음 28:18~20)

하나님은 당신을 사랑하십니다!

아름다운 삶 아름다운 가정을 위하여

천하보다 귀한 당신을 초대합니다

만남을 소중히 여기는
김찬희 담임목사
사람을 존중하고
사랑을 키우는 교회
교회는 건물이기 보다
사랑입니다.

당신이 인간적인 모든 방법을 동원해 드러내고자 하는 것을 차라리 포기할 때 하나님의 큰 지우개가 당신을 비로서 빛나게 할 것입니다.

『성공의 비결』

세계적 대부호인 깁슨은 매우 가난한 가정에 태어났다. 하루는 어떤 가난한 사람이 깁슨을 찾아와 물었다. "회장님, 저도 부자가 되고 싶습니다. 그 비결을 좀 가르쳐 주십시오" 깁슨은 손님을 물끄러미

님과 성경을 의심하지 않는 믿음이 필요합니다. 이 세가지가 나를 부자로 만들었어요"

나는 부활이요 생명이니 나를 믿는 자는 죽어도 살겠고 무릇 살아서 나를 믿는 자는 영원히 죽지 아니하리니(요11:25~26)

예수께서 친히 모퉁이 돌이 되셨느니라 그의 안에서 건물마다 서로 연결하여 주 안에서 성전이 되어가고 너희도 성령 안에서 하나님의 거하실 처소가 되기 위하여 예수 안에서 함께 지어져 가느니라(엡2:20~22)

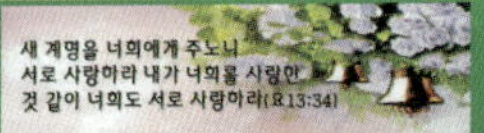